時間のない人が
てっとり早く
スコアアップするための

TOEIC® L&Rテスト
速攻 Part 1・2・5 対策

森田鉄也 著 ▶ ▶ ▶

コスモピア

はじめに

　本書はTOEICの点数をとりあえず上げなければならないけれど時間がないという人のために作られた参考書です。長い音声を聞かなければならないPart 3, 4とたくさんの文章を読まなければならないPart 7は点数を上げるには時間がかかります。すぐに英語が聞こえるようになったり、すぐに英語が読めるようになったりはしないからです。

　だからTOEICで点数をすぐに上げたいのであればPart 1、2、5がおすすめです。これら3つのパートの特徴はどれも「文が短い」ことです。長い文を理解したり、複雑な情報処理問題を解いたりする必要がありません。そのためコツさえ掴んでしまえば即座に得点アップが期待できます。TOEICのスコアは評価基準

を一定に保つために統計的に算出され、各問にあらか
じめ決められた配点はありません。やさしい問題をお
ろそかにせず、できるだけ多く、速く確実に解いてい
く力が求められます。本書を通してその力を最短ルー
トで身につけましょう。

　また、本書にはTOEICの最新傾向や解法に加え、よ
く出題される表現をたくさん載せています。これらを
覚えることにより、英語力とTOEIC得点力を同時に身
につけることができます。ぜひ活用してください。

2023年4月

森田鉄也

Contents

Part 1
写真描写問題 ……………………………………… 15

Part 2

応答問題 61

Part 5

短文穴埋め問題 101

本書の基本的な考え方

　本書は、TOEIC® L&R TESTで点数を底上げするために、落としては
ならず、確実に取るべきPartは、Part 1、Part 2、Part 5という3つのパー
トを押さえて、点数の底上げを図ることを目的としています。

　多くの人は転職や昇進などのためにTOEICを受験します。そのため、
TOEIC受験者は短期間で一定点数以上の獲得するよう迫られることが多
く、確実な点数の底上げが要求されます。

　特にPart 1、Part 2は序盤に位置し、ここから解答を始めるため、こ
のふたつのパートを落とすと焦りが生じて、その後のパートを落とすこと
になりかねません。しかし、Part 1、Part 2でリスニングに慣れ、Part
5で文法事項を身につけられれば、より難しい問題を解けるようになりま
す。この本は、TOEICの初心者、そして中級者で確実に点数を底上げして、
一定の点数を獲得したい人のための本です。

　Part 1、Part 2、Part 5それぞれに、「問題と解き方」、「練習問題」、「演
習問題」を用意しました。「問題と解き方」、「練習問題」、そして「演習問
題」と進むことで、段階的に得点を上げることができるように構成されて
います。

　まず、「問題と解き方」では、TOEIC® L&R TESTで100回以上990
点を得点した森田鉄也（もりてつ）先生が、パートごとでの問題の概要と、
解き方を解説します。

次に、「Point」のページで、各頻出項目での解法を身につけましょう。Pointは、選び抜いて、短期間で得点アップ、TOEIC® L&R TEST全体でのスコアアップ、そして後の英語力上昇が望める厳選された項目になっています。

　更に、「練習問題」では、「Point」で解説された各項目について、それぞれ具体的に問題の解法が掲載されています。各Pointが習得できたかわかる練習問題を解いていくことで、パート全体、そしてTOEIC® L&R TESTに対する理解を深めていき、得点アップを図りましょう。

　そして最後に、「演習問題」では、パートごとに、それまで学習してきた各項目の習得度がわかるよう、ランダムに並べられた問題を、本番さながらに解くことができます。これで、TOEIC® L&R TESTを受け始めたばかりの方でも、重要なポイントを確認しながら、本番の対策を行うことができます。

編集部

次のページから実際の練習方法を見てみましょう。

練習方法①　「問題と解き方」で要点を押さえる

練習方法②　練習問題で要点を確認

練習方法③　ランダムに並んだ演習問題で実践対策

本書の構成と使い方

Part 1 写真描写問題

Part 1 写真描写問題では、写真に人が写っているのか、物が写っているのか、あるいは風景が写っているのかに応じて、正答を得るための Point が変わりますが、本書ではそれらを段階的に覚えられる構成になっています。

● Part 1 写真描写問題と解き方

音声を聞くなどして、例題を本番のつもりで解いてみましょう。その後にもりつ先生の解説と、Point が続くので安心して解き方を知ることができます。最後の正解と訳で答え合わせをしましょう。

● 例題と解法、練習問題

解くことで、解説された要点を習得したことがわかる練習問題が網羅的に掲載されています。選び抜かれた項目から押さえることで短時間で得点をアップし、英語力向上に繋げましょう。

● 演習問題

それまでに習得した項目が満遍なく散りばめられた、本番さながらの演習問題です。すべてを復習するつもりで取り組みましょう。

Part 2 応答問題

Part 2 の応答問題については、質問文のパターン分けや、頻出の引っかけを覚えることで攻略できるように本書では段階的に構築されています。

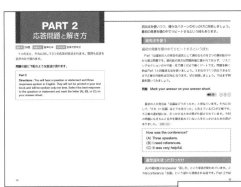

● Part 2 応答問題と解き方

TOEIC の設問の中で、唯一選択肢が３つしかないのが Part 2 の設問です。「Part 2 応答問題の解き方」では、テクニックを多用したりパターン分けでかんたんに解く方法を掲載しています。

●例題と解法、練習問題

Part 2 の応答問題に登場する 4 つの疑問文と、変化球的な応答までも対応して網羅しています。

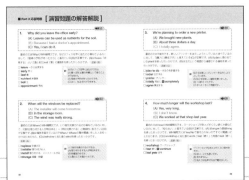

●演習問題

Part 2 応答問題の「演習問題」では、各 Point が習得できているかどうかわかるように、本試験に同じく無作為に Point が分かっていないと解けない設問を掲載しています。

Part 5 短文穴埋め問題

Part 5 の短文穴埋め問題では、文法的な理解も必要になってきますが、文法事項を図示することによって Part での正答率を上げるだけでなく読解力を上げることのできるつくりになっています。

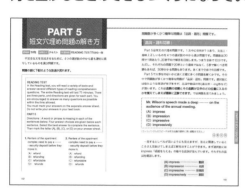

● Part 5 短文穴埋め問題と解き方

短文穴埋め問題の出る Part 5 の中でも、頻出文法項目から効率的に解説されています。

短い文章についての文法から身につけて、後の長文の学習や総合的な英語力の向上に繋げましょう。

●例題と解法、練習問題

森田鉄也先生と編集部が厳選した 9 つの Point で、文法項目を洗いざらい習得してしまいましょう。

●演習問題

本試験同様のランダムに並べられた演習問題を 30 問たっぷり解いてみましょう。これで本番にも備えることができます。

音声ファイル一覧表

Audio file No.	ページ	Audio file No.	ページ	Audio file No.	ページ
1	17	29	67、68	57	86、90
2	20	30	67、69	58	86、91
3	22、24	31	67、69	59	86、91
4	23、25	32	70	60	86、92
5	26	33	71、72	61	86、92
6	28、30	34	71、72	62	86、93
7	29、31	35	71、73	63	86、93
8	32	36	71、73	64	86、94
9	34、36	37	74	65	87、94
10	35、37	38	75、76	66	87、95
11	38	39	75、76	67	87、95
12	40、42	40	75、77	68	87、96
13	41、43	41	75、77	69	87、96
14	44	42	78	70	87、97
15	46、48	43	79、80	71	87、97
16	47、49	44	79、80	72	87、98
17	50	45	79、81	73	87、98
18	52、54	46	79、81	74	87、99
19	53、55	47	82	75	87、99
20	56、58	48	83、84	76	87、100
21	56、58	49	83、84	77	87、100
22	56、59	50	83、85		
23	57、59	51	83、85		
24	57、60	52	86、88		
25	57、60	53	86、88		
26	63	54	86、89		
27	66	55	86、89		
28	67、68	56	86、90		

音声ダウンロードの方法

音声をスマートフォンや PC で、簡単に
聞くことができます。

方法1 スマホで聞く場合

面倒な手続きなしにストリーミング再生で聞くことができます。

※ストリーミング再生になりますので、通信制限などにご注意ください。
　また、インターネット環境がない状況でのオフライン再生はできません。

このサイトにアクセスするだけ

https://soundcloud.com/yqgfmv3ztp15/
sets/toeic-r-l-r-test-part-1-2-5

① 上記サイトに**アクセス**

② アプリを使う場合は
SoundCloud に
アカウント登録 (無料)

方法2 PC で音声ダウンロードする場合

PC で mp3 音声をダウンロードして、スマートフォンなどに取り込む
ことも可能です。

(スマートフォンなどへの取り込み方法はデバイスによって異なります)

① 下記のサイトにアクセス

https://www.cosmopier.com/
download/4864541923

② 中央のボタンをクリックする

音声は PC の一括ダウンロード用圧縮ファイル (ZIP 形式) でご提供します。
解凍してお使いください。

電子版を使うには

音声ダウンロード不要
ワンクリックで音声再生！

本書購読者は
無料でご使用いただけます！
音声付きでそのままスマホでも
読めます。

電子版ダウンロードには
クーポンコードが必要です

詳しい手順は下記をご覧ください。
右下の QR コードからもアクセスが
可能です。

電子版：無料引き換えコード

mr1t2yB

ブラウザベース（HTML5 形式）でご利用
いただけます。

★クラウドサーカス社 ActiBook電子書籍
（音声付き）です。

●対応機種
・PC（Windows/Mac）　・iOS（iPhone/iPad）
・Android（タブレット、スマートフォン）

電子版ご利用の手順

❶コスモピア・オンラインショップにアクセス
してください。（無料ですが、会員登録が必要です）

https://www.cosmopier.net/

❷ログイン後、カテゴリ「電子版」のサブカテゴリ「書籍」をクリックして
ください。

❸本書のタイトルをクリックし、「カートに入れる」をクリックしてください。

❹「カートへ進む」→「レジに進む」と進み、「クーポンを変更する」をクリック。

❺「クーポン」欄に本ページにある無料引き換えコードを入力し、「登録する」を
クリックしてください。

❻0 円になったのを確認して、「注文する」をクリックしてください。

❼ご注文を完了すると、「マイページ」に電子書籍が登録されます。

PART 1
写真描写問題

PART 1
写真描写問題と解き方

設問数 6問　問題形式 音声+写真　所要時間 全体で約3分

　1枚の写真に対して4つの短い説明文が放送されます。説明文は音声のみで流れます。

問題の前に下記のような放送が流れます。

LISTENING TEST

In the Listening test, you will be asked to demonstrate how well you understand spoken English. The entire Listening test will last approximately 45 minutes. There are four parts, and directions are given for each part. You must mark your answers on the separate answer sheet. Do not write your answers in your test book.

PART 1

Directions : For each question in this part, you will hear four statements about a picture in your test book. When you hear the statements, you must select the one statement that best describes what you see in the picture. Then find the number of the question on your answer sheet and mark your answer. The statements will not be printed in your test book and will be spoken only one time.

1.

Statement(A), "A woman is using office equipment," is the best description of the picture. So you should select answer (A) and mark it on your answer sheet.

最初のPart 1。出題される表現をきちんと覚えて、後の問題を解いていくやる気に繋げましょう。

それではどういった写真が出題され、どういった表現が出てくるのか見ていきましょう。

聞き慣れない表現に注意

Part 1は写真描写問題です。聞こえてきた4つの音声の中から最も適切に写真を描写している選択肢を選びます。TOEICを何度も受けている人であればPart 1は簡単ですが、TOEICに慣れていない人には聞いたことのない表現も登場します。最初のPartなので、後の問題を解いていくやる気に大きく影響します。しっかり攻略しましょう！

まずはサンプル問題をやってみましょう。

🔊 1　Ⓐ Ⓑ Ⓒ Ⓓ

荷物をトラックに載せている、または降ろしている写真です。
読まれた選択肢は前述のようになります。

この中で写真を適切に描写しているのは（D）です。TOEICに慣れている人にとっては基礎問題なのですが、受験をしたことのない人からするとload「積む」、vehicle「自動車」といった単語は聞き慣れない表現です。つまり、TOEIC Part 1の攻略法は、**出題される表現を覚える**ことなのです。

また、選択肢はいやらしく、きちんと聞き取れなかった人を引っかけようとしてきます。今回の問題であれば（A）はbox「箱」と似た音の複数形booksを使っています。（B）と(C)はcart「カート」、truck「トラック」と写っているものを使った引っかけです。しかしそれぞれ写っている人の動作が違っています。　　正解（D）

(A) People are carrying books.

(B) A man is pushing a cart.

(C) A man is opening the door of a truck.

(D) People are loading a box onto a vehicle.

出題語彙

□ **carry** 運ぶ
□ **load** 積む
□ **vehicle** 車

訳 (A) 人々は本を運んでいる。
(B) 男性はカートを押している。
(C) 男性はトラックのドアを開けている。
(D) 人々は車に箱を積んでいる。

消去法を使う

Part 1と2ではとにかく消去法を使うことが大事です。正解の選択肢が何と言っていたかわからなくても他の正解が不正解だとわかれば正解を選ぶことができるからです。

しかしTOEICはメモをすることができません。バツ印をつけられないのです。ではどうすればいいのか？　鉛筆の位置を変えることで○△×の代わりにします。

鉛筆の位置を変えることで○△×を代用

　例えばAを聞いて、違う(×)と判断したら鉛筆の位置をBに移動します。Bを聞いて違う(×)と判断したら今度はCの位置に動かします。Cを聞いてわからなかったら(△)鉛筆をその位置に留めておきます。Dを聞いて違う(×)と判断したらCを塗ります。正答であるCが何と言っていたかわからなくても正解できたわけです。もちろんDの段階でDを正解(○)と判断したらDを塗ります。

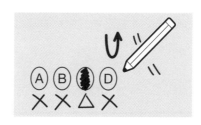

▶ **頻出表現**

Part 1 に出る人を表す表現		
□ receptionist 受付係	□ pedestrian 歩行者	□ cyclist 自転車に乗る人

！注意点

・特に聞き慣れない出題される表現を覚えて攻略し、後の問題を解いていくやる気に繋げる。

・消去法を使う。正解の選択肢が何と言っていたかわからなくても他の正解が不正解だとわかれば正解を選ぶことができる。

・鉛筆の位置を変えることで○△×の代わりにする。

Point 1 | 1人の人物

動作に注目する

例題と解法

▶ 動作に注目

まず1人の人が写っている写真です。写っている人の**動作に注目する**と簡単に答えが出ることが多いので、まずは動作に注目します。それではやってみましょう。

男性がデスクでペンを持って電話をしている写真です。読まれた選択肢は以下のようになります。

電話で話している

男性

モニター

机

キーボード

◀)) 2　Ⓐ Ⓑ Ⓒ Ⓓ

(A) A man is standing at a desk.
(B) A man is talking on a phone.
(C) A man is typing on a keyboard.
(D) A man is looking at a computer screen.

写真を適切に描写しているのは（B）です。（A）は、deskは写っていますが、立っていないので不正解です。（C）も（D）もそれぞれキーボード、コンピュータの画面は写っていますが動作が違います。まずは動作に注目しましょう。　正解（B）

出題語彙

□ **type** 打つ
□ **keyboard** キーボード
□ **screen** 画面

訳 (A) 男性はデスクの前に立っている。
(B) 男性は電話で話している。
(C) 男性はキーボードを打っている。
(D) 男性はコンピュータの画面を見ている。

▶ 頻出表現

be動詞＋doing

人の動作は、be動詞(is/are)＋doingの現在進行形で表されます。この形は「〜している途中」という意味を表します。よって、この動詞の進行形に注目しながら正解を選んでいきます。

[練習問題]

■)) 3

1.

Ⓐ Ⓑ Ⓒ Ⓓ

2.

Ⓐ Ⓑ Ⓒ Ⓓ

[練習問題の解答解説]

1.

🔊 3

(A)　A woman is using office equipment.

(B)　A woman is writing on paper.

(C)　A woman is lifting a potted plant.

(D)　A woman is opening a window.

　女性がコピー機を使い書類をコピーしている写真です。コピー機のことをoffice equipment「オフィス機器」と表し適切に描写した(A)が正解です。コピー機をオフィス機器と言い換えたように、**具体的なモノを抽象的なモノに言い換える**手法はTOEICでよく使われます。(B)は、紙は写っていますが動作が違います。(C)、(D)は蓋を持ち上げて開けてはいますが、potted plant「鉢植え」、window「窓」ではありません。　　正解 (A)

□ **equipment** 機器
□ **lift** 持ち上げる
□ **potted plant**　鉢植え

> 訳
> (A) 女性はオフィス機器を使っている。
> (B) 女性は紙に書いている。
> (C) 女性は鉢植えを持ち上げている。
> (D) 女性は窓を開けている。

2.

🔊 4

(A) She's opening a drawer.

(B) She's handing over a laptop.

(C) She's holding some cards.

(D) She's facing a computer screen.

　女性が引き出しの横でパソコンを見ています。これを、コンピュータの画面を見ている（〜のほうを向いている）と表した(D)が正解です。視線に関する表現はPart 1で頻出します。(A)は、drawer「引き出し」は写っていますが、動作が違います。(B)もlaptop「ノートパソコン」は写っていますが、動作が違います。(C)は、持っているのはノートパソコンなので、こちらも不正解です。　正解（D）

「見る」に関する表現	
□ **look at...** 〜を見る	□ **stare at...** 〜をじっと見る
□ **gaze at...** 〜をじっと見る	□ **examine...** 〜をよく見る

examineは、本や商品を客が見ている写真でよく出てきます。

□ **drawer** 引き出し
□ **hand over...** 〜を手渡す
□ **laptop** ノートパソコン
□ **face** 〜のほうを向く

訳 (A) 彼女は引き出しを開けている。
(B) 彼女はノートパソコンを渡している。
(C) 彼女はカードを何枚か持っている。
(D) 彼女はコンピュータの画面のほうを向いている。

Point 2 ｜ 2人の人物

動作の目的語にも注意する

例題と解法

▶きちんと動作を聞き取る

Part 1の写真では、1人だけでなく複数の人が写っている写真も登場します。同じ動作をしていたり、違う動作をしていたりします。動作は1人の写真と同じく現在進行形で表されます。まずは、きちんと動作を聞き取りましょう。さらに1人の写真と同様に、動作が合っていても、後ろの目的語が違っていることもあるので注意です。

男性

女性

階段を
登っている

🔊 5　Ⓐ Ⓑ Ⓒ Ⓓ

男性と女性が階段を登っている写真です。これをclimb up「登る」とstairs「階段」を使って適切に描写している(A)が正解です。2人はタブレットのようなものを見ていますが、掲示板を見ている訳ではないので(B)は不正解です。男性はタブレットを指差していますが、ガラスを指差している訳ではないので(C)も不正解です。ガラスも写っているためややこしいです。手すりを握ってもいないので(D)も不正解です。

正解（A）

(A) They're climbing up stairs.
(B) They're staring at a bulletin board.
(C) A man is pointing at glass.
(D) A man is holding a hand railing.

出題語彙

□ climb ～を登る
□ stairs 階段 類 stair 段
□ point at... ～を指差す
□ glass ガラス
□ hold ～を掴む
□ hand railing 手すり

訳 (A) 彼らは階段を登っている。
(B) 彼らは掲示板をじっと見ている。
(C) 男性はガラスを指差している。
(D) 男性は手すりを握っている。

▶ **頻出表現**

□ wear 着る

□ remove ／ □ take off 脱ぐ

移動

□ walk 歩く

□ stroll ぶらぶら歩く

□ bike 自転車に乗る

[練習問題]

🔊 6

1.

Ⓐ Ⓑ Ⓒ Ⓓ

2.

◀)) 7

Ⓐ Ⓑ Ⓒ Ⓓ

[練習問題の解答解説]

1.

◀️) 6

(A)　Two men are facing in opposite directions.

(B)　Two men are greeting each other.

(C)　One of the men is holding a bottle.

(D)　One of the men is putting on glasses.

　2人の男性が握手をしている写真です。これをgreet「あいさつする」とeach other「お互い」を使い「互いにあいさつしている」と表した(B)が正解です。TOEICでは「握手をしている写真」をこのように「あいさつをする」と表すことが多いです。2人の男性は向き合っているので逆を向いているとした(A)は不正解です。(C)と(D)は動作が違います。(D)はputting on「身につけている最中」ではなくwearingであれば「身につけている状態」を表すので正解になれます。be putting on...「〜を身につけている最中」とbe wearing...「〜を身につけている」の違いは押さえておきましょう。また同じ性別の人が写っている場合に、1人の男性・1人の女性を表す場合にはone of the men「男性のうちの1人」／one of the women「女性のうちの1人」という表現が使われます。　正解（B）

□ **face** 〜のほうを向く
□ **opposite** 反対の
□ **direction** 方向
□ **greet** 挨拶する
□ **each other** お互い
□ **put on...** 〜を身につける
□ **glasses** メガネ

訳
(A)2 人の男性が反対を向いている。
(B)2 人の男性が互いに挨拶をしている。
(C)1 人の男性がボトルを持っている。
(D)1 人の男性がメガネを掛けている最中だ。

2.

🔊 7

(A) A clerk is giving a change to a customer.

(B) One of the women is choosing some bread.

(C) One of the women is putting on an apron.

(D) A clerk is handing some items to a customer.

　スーパーマーケットのお客さんと店員の写真です。これをhand「〜を手渡す」を使って適切に表している(D)が正解です。お釣りを渡している訳ではないので(A)は不正解です。(B)は、breadは写っていますが選んでいる訳ではないので不正解です。(C)は先の問題と同様にputting onではなくwearingであれば正解になります。　正解 (D)

☐ **clerk** 店員
☐ **change** お釣り
☐ **customer** 客
☐ **bread** パン
☐ **apron** エプロン
☐ **hand A to B** AをBに手渡す

> 訳
> (A) 店員は客にお釣りを渡している。
> (B)1 人の女性がパンを選んでいる。
> (C)1 人の女性がエプロンをつけている最中だ。
> (D) 店員は客に商品を渡している。

Point 3 | 3人以上

共通の動作に注目する

例題と解法

▶共通の動作に注目

　Part 1は1人の写真、2人の写真だけでなく3人以上の人が写っている写真も出てきます。それぞれの人がはっきりと何をしているかがわかる場合は、1人1人の動作も出てくることがありますが、まずは写っている人たちの**共通の動作に注目**しましょう。

漕いでいる

🔊 8 　Ⓐ Ⓑ Ⓒ Ⓓ

▶3 人が水域でしている動作

　カヤックを漕いでいる3人の写真です。これをrow「漕ぐ」という表現を使い「同じ方向に漕いでいる」とした(B)が正解です。泳いではいないので(A)は不正解です。ボートは写っていますが岸に繋がれてはいないので(C)も不正解です。(D)は動作が違います。今回の問題は共通の動作さえきちんと聞き取れれば正解できる問題です。川、湖、海など水域の写真はTOEICによく登場します。　　正解（B）

(A) People are swimming in the river.
(B) People are rowing in the same direction.
(C) Boats are tied on the shore.
(D) People are walking in the woods.

出題語彙

□ river 川 ／ □ row 漕ぐ
□ same 同じ ／ □ tie ～を結ぶ
□ shore 岸 ／ □ woods 森
□ wood 木材

訳 (A) 人々は川で泳いでいる。
(B) 人々は同じ方向に漕いでいる。
(C) ボートが岸に繋がれている。
(D) 人々は森を歩いている。

▶ 頻出表現

手を使う動作		
□ pile 積み重ねる	□ stack 積み重ねる	□ pack 荷物を詰める
□ hold 持つ	□ grip 掴む	□ arrange 並べる
□ set up セットする	□ operate 操作する	□ repair 直す
□ fix 直す・固定する	□ adjust 調節する	□ point 指を差す
□ pour 注ぐ	□ water 水をやる	□ clean きれいにする
□ vacuum 掃除機をかける	□ wipe 拭く	□ move 動かす
□ open 開ける	□ mount 取り付ける・貼る	□ install 取り付ける
□ insert 挿入する	□ brush ブラシをかける	□ paint 塗る
□ apply paint to... ～にペンキ／絵の具を塗る		

[練習問題]

🔊 9

1.

Ⓐ Ⓑ Ⓒ Ⓓ

🔊 10

2.

Ⓐ Ⓑ Ⓒ Ⓓ

[練習問題の解答解説]

1.

◀◎)) 9

(A) One man is repairing a light fixture.

(B) People are looking at a menu.

(C) One woman is preparing some food.

(D) One woman is drinking a cup of coffee.

　レストランでの店員と客の写真です。これを人々がメニューを見ていると表した(B)が正解です。照明器具は写っていますが、男性が修理している訳ではないので(A)は不正解です。料理をしている人は写っていないので(C)も不正解です。コーヒーらしきものは写っていますが、女性は飲んでいないのでこれも正解にはなりません。　正解（B）

□ **repair** 〜を直す
□ **light fixture** 照明
□ **prepare food** 料理をする
□ **a cup of...** 一杯の〜

訳
(A) 1人の男性が照明器具を直している。
(B) 人々はメニューを見ている。
(C) 1人の女性が料理をしている。
(D) 1人の女性がコーヒーを飲んでいる。

2.

🔊 10

(A) Some people are riding bicycles.

(B) Some bikes are parked under a tree.

(C) Some people are mowing a lawn.

(D) Some people are trimming branches.

　公園の写真です。右側に写っている自転車に乗っている人たちをriding bicyclesと表した(A)が正解です。自転車は木の下には停められていないので(B)は不正解です。lawn「芝生」は写っていますが、刈られてはいないので(C)も不正解です。同じように木の枝は写っていますが刈ってはいないので(D)も正解にはなりません。　正解（A）

□ **ride** に乗る
□ **bicycle/bike** 自転車
□ **park** 停車する
□ **mow** 刈る
□ **lawn** 芝生
□ **trim** 刈り込む
□ **lawn** 芝生
□ **branch** 枝・支店

訳　(A) 人々は自転車に乗っている。
　　(B) 自転車が木の下に停められている。
　　(C) 人々は芝生を刈っている。
　　(D) 人々は枝を刈っている。

Point 4 | 受け身の進行形

進行形の受け身と完了形の受け身を見分ける

例題と解法

▶進行形の受け身 vs. 完了形の受け身

　進行形の受け身 vs. 完了形の受け身の違いは毎回必ず出題されます。＜is/are being 過去分詞＞「〜されている最中」では動作をしている人が写っていなければならないのに対して、＜has/have been 過去分詞＞「〜されている」は動作がされた後の状態を表すので、動作をしている人は写っている必要がありません。ただし、例外もあるので要注意です。

男性

床が磨かれている

🔊 11　Ⓐ Ⓑ Ⓒ Ⓓ

　床をポリッシャーで磨いている人の写真です。これを進行形の受け身を使って「床が磨かれている最中だ」と表している(B)が正解です。このように、進行形の受け身は動作をする人が写っている必要があります。

男性はブーツを履いていますが、ブーツを履いている最中ではないので
(A)は不正解です。窓と電灯は写っていますが、それぞれ拭いている人、
吊るしている人は写っていないので(C)、(D)も不正解です。　　　正解（B）

(A) A man is putting on boots.
(B) A floor is being polished.
(C) Windows are being wiped.
(D) Lights are being hanged.

出題語彙

□ put on... ～を身につける
□ polish 磨く
□ wipe 拭く
□ hang 吊るす

訳 (A) 男性はブーツを履いている最中だ。
　 (B) 床が磨かれている最中だ。
　 (C) 窓が拭かれている最中だ。
　 (D) 照明が吊るされている最中だ。

▶ 頻出表現

Part 1 に出るモノ、乗り物	
□ merchandise 商品	□ container 容器
□ vase 花瓶	□ outlet コンセント
□ pillow クッション・枕	□ branch 枝
□ wood 木材	□ luggage 荷物
□ hose ホース	□ tray トレイ
□ drawer 引き出し	□ workbench 作業台
□ sculpture 像	□ structure 建物
□ light fixture 照明器具	□ copy machine コピー機
□ photocopier コピー機	□ wheelbarrow 手押し車
□ potted plant 鉢植え	□ glove グローブ
□ gear 衣服	□ shelf 棚
□ bicycle 自転車	□ motorcycle オートバイ
□ vehicle 車両	□ vessel 船舶

[練習問題]

🔊 12

1.

Ⓐ Ⓑ Ⓒ Ⓓ

2.

Ⓐ Ⓑ Ⓒ Ⓓ

[練習問題の解答解説]

1.

◀ᴵ)) 12

(A) Some plants are being watered.

(B) A woman is putting on gloves.

(C) A woman is cutting a bush.

(D) A hose is lying on a sidewalk.

　女性が植物に水をやっている写真です。これを動詞のwater「～に水をやる」の進行形の受け身を使い、「植物に水が与えられている最中」と表している(A)が正解です。女性は、グローブはしていますが、つけている最中ではないので(B)は不正解です。低木は写っていますが女性は切っていないので(C)は不正解です。ホースは写っていますが、歩道に置かれてはいないので(D)も不正解です。

正解（A）

□ **water** ～に水をやる
□ **glove** グローブ
□ **bush** 低木
□ **lie** ある
□ **sidewalk** 歩道

訳　(A) 植物が水を与えられている最中だ。
　　(B) 女性は手袋をつけている最中だ。
　　(C) 女性は低木を切っている最中だ。
　　(D) ホースが歩道に置かれている。

2.

🔊 13

(A) Two people are examining some books.

(B) Some sandals are being piled up.

(C) Two people are wearing long-sleeved shirts.

(D) Shoe items are being displayed on the wall.

サンダルを見ている女性2人の写真です。これを「靴製品が展示されている」とした(D)が正解です。このようにdisplayは進行形の受け身であっても、展示している人が写っている必要はありません。またbe on display「展示されている」もよく正解に登場するので覚えておきましょう。(A)は本を見ている訳ではないので不正解です。サンダルは積み上げられている最中ではないので(B)は不正解です。こちらは動作をしている人が写っていなければなりません。1人の女性は半袖を着ているので(C)も不正解です。　正解（D）

□ **examine** よく見る
□ **pile up...** 〜を積み上げる
□ **long-sleeved** 長袖の
□ **display** 展示する

訳　(A) 2人が本を見ている。
(B) サンダルが積み上げられている最中だ。
(C) 2人が長袖シャツを着ている。
(D) 靴製品が壁に展示されている。

Point 5 | モノ

何がどこにあるか把握する

例題と解法

▶進行形の受け身と完了形の受け身の区別も

TOEICのPart 1には人が写っていない写真も出題されます。その場合は何がどこにあるのかを把握しなければなりません。さらに先ほどの進行形の受け身、完了形の受け身の区別も大事になります。

自転車

柱によりかけられている

🔊14 Ⓐ Ⓑ Ⓒ Ⓓ

電柱に自転車が停められている写真です。これを be propped up against...

「〜によりかけられている」という表現を使って表した(D)が正解です。完了形の受け身が使われているので、よりかけている人が写っている必要はありません。それに対して(A)や(B)は、進行形の受け身が使われているので歩道を掃いている人、ヘルメットを自転車に結んでいる人が写っていなければなりません。(C)は、車は写っていないので不正解です。

(A) A sidewalk is being swept.

(B) A helmet is being tied to a bicycle.

(C) A car is parked in a lot.

(D) A bicycle has been propped up against a pole.

出題語彙

□ sidewalk 歩道 ／ □ sweep 掃く

□ tie A to B A を B に結びつける

□ lot 区画

□ be propped up against...
　～に立てかけられている
　類 lean on, lean against

訳 (A) 歩道が掃かれている最中だ。
　(B) ヘルメットが自転車に繋がれている
　　　最中だ。
　(C) 車がある区画に停められている。
　(D) 自転車が電柱によりかけられている。

▶頻出表現

Part 1 に出る「状態」	
□ be leaning against/on... ～にもたれかかっている	□ be propped against... ～にもたれかかっている
□ be seated 座っている	□ be lined up 並べられている
□ be displayed 展示されている	□ be on display 展示されている
□ be parked 停車されている	□ be scattered 散らばっている
□ be mounted 取り付けられている	□ be suspended 吊るされている
□ be located <前置詞句> ～にある	□ be unoccupied 空いている
□ be stacked 積まれている	□ be piled 積まれている
□ be covered with... ～で覆われている	□ be under construction 工事中である
□ wait in line 並んで待つ	□ stand in line 並んで立つ
□ gather 集まる	□ be positioned 配置されている

[練習問題]

🔊 15

1.

Ⓐ Ⓑ Ⓒ Ⓓ

2.

Ⓐ Ⓑ Ⓒ Ⓓ

[練習問題の解答解説]

1.

🔊》 15

(A) People are using some hardware.

(B) Some tools are hanging on a wall.

(C) Some equipment is being arranged.

(D) A clerk is stacking items on shelves.

　大工道具が並べられている写真です。これをhang「ぶら下がる」を使って「道具がぶら下がっている」と表した(B)が正解です。このように、動作をしている人は写っておらずものだけでも進行形で使う動詞はあります。(A)はhardware「大工道具・金物類」は写っていますが使用している人は写っていません。(D)も店員は写っていないので不正解です。(C)は進行形の受け身が使われているので機材を並べている人が写っていなければなりません。　　正解（B）

□ **hardware** 金物類
□ **tool** 道具
□ **hang** ぶら下がる、〜を吊るす
□ **wall** 壁
□ **equipment** 機材、機器
□ **arrange** 〜を並べる
□ **stack** 積む
□ **item** 商品
□ **shelf** 棚

訳　(A) 人々は金属製品を使っている。
　　(B) 道具が壁に吊り下げられている。
　　(C) 機材が並べられている最中だ。
　　(D) 店員は棚に商品を積んでいる。

2.

🔊 16

(A) Some vegetables are being sprayed.
(B) A painting is being hung.
(C) Some flowers are under a wooden box.
(D) Potted plants have been set up.

　植物が並んでいる写真です。これをpotted plant「鉢植えの植物」と完了形の受け身を使って「植物が置かれている（セットアップされた）状態」と表した(D)が正解です。(A)と(B)はどちらも進行形の受け身を使っているので、野菜に水を吹きかけている人、絵を掛けている人が写っていなければなりません。木箱の下に花は写っていないので(C)は不正解です。　正解（D）

□ **vegetable** 野菜
□ **spray** 水を吹きかける
□ **hang** 掛ける（過去形・過去分詞形は hung）
□ **wooden** 木の
□ **potted** 鉢植えの

> 訳　(A) 野菜が水を吹きかけられている最中だ。
> (B) 絵画が吊り下げられている最中だ。
> (C) 花が木箱の下にある。
> (D) 鉢植えが置かれている。

Point 6 | 風景

写真のパターンごとの頻出表現で対応する

例題と解法

▶人が写っていない風景の写真によく登場する表現

　Part 1では人が写っていない風景の写真も出題されます。似たような写真が出題されることが多く、そのため表現も同じものがよく登場します。頻出表現を覚えていきましょう。

雲を反射している

🔊 17　Ⓐ Ⓑ Ⓒ Ⓓ

▶多くの人が聞きなれない頻出表現

　湖畔の写真です。水辺に雲が反射しているのを、reflect「〜を反射する」を使って表した(B)が正解です。人は写っていないので(A)や(D)はすぐに不正解だとわかります。(A)のoutingは遠足やピクニックのことを表

し、外で遊んでいる人々の写真で正解として登場することのある表現です。(D)は椅子が写っていることを使った引っかけです。またボートも写っていないので(C)も不正解です。body of water「水域」は海や湖などの写真で登場することがある表現です。　正解（B）

(A) People are having an outing.
(B) Water is reflecting clouds.
(C) Boats are floating on the body of water.
(D) People are seated on chairs.

（出題語彙）

□ **have an outing** 遠足をする
□ **reflect** 〜を反射する
□ **cloud** 雲
□ **float** 浮かぶ
□ **body of water** 水域
□ **be seated** 座っている 類 be sitting

訳 (A) 人々は遠足をしている。
(B) 水が雲を反射している。
(C) ボートが水に浮いている。
(D) 人々は椅子に座っている。

▶ 頻出表現

Part 1 に頻出の場所	
□ **pier** 埠頭	□ **dock** 埠頭
□ **parking lot** 駐車場	□ **wall** 壁
□ **ceiling** 天井	□ **staircase** 階段
□ **stairs** 階段	□ **along** 〜に沿って
□ **ceiling** 天井	□ **in the distance** 遠くに

位置を表す表現	
□ **next to...** 〜の横に	□ **beside** 〜のそばに
□ **along** 〜に沿って	□ **alongside** 〜に沿って、〜のそばに
□ **across from...** 〜の向かいに	□ **opposite** 向き合って
□ **in front of...** 〜の前に	

[練習問題]

🔊 18

1.

Ⓐ Ⓑ Ⓒ Ⓓ

2.

Ⓐ Ⓑ Ⓒ Ⓓ

[練習問題の解答解説]

1.

◀》 18

(A) Some mountains are in the distance.

(B) A road is full of cars.

(C) People are swimming in the water.

(D) Some tree trunks are in a pile.

　手前に道を走っている車、奥には湖と山が見えている写真です。これをin the distance「遠くに」という表現を使い「遠くに山がある」と表した(A)が正解です。車は1台しか写っていないので(B)は不正解です。人は写っていないので(C)は不正解。木の幹は写っていないので(D)も不正解です。　正解（A）

□ **mountain** 山
□ **distance** 距離
□ **be full of...** 〜でいっぱいである
□ **trunk** 木の幹
□ **in a pile** 山積みで

> **訳**　(A) 山が遠くにある。
> (B) 道には車がたくさんある。
> (C) 人々は水の中を泳いでいる。
> (D) 木の幹が山積みになっている。

2.

🔊 19

(A) Vessels are being tied to a wharf.

(B) People are boarding a ship.

(C) Some boats have been docked at a pier.

(D) A flock of birds are flying.

　ボートが停泊している写真です。これをdock「～に係船する（船を繋ぐこと）」という表現を使い適切に表した(C)が正解です。(A)は進行形の受け身を使っているため、船を繋ぎ止める人が写っていなければなりません。人も鳥も写っていないので(B)(D)はすぐに不正解だとわかります。　正解（C）

□ **vessel** 船
□ **tie A to B** A を B に繋ぎ止める
□ **wharf** 埠頭
□ **board** ～に乗り込む
□ **dock** ～を係船する
□ **pier** 桟橋
□ **flock** 群れ

訳	(A) 船が埠頭に停められている最中だ。 (B) 人々は船に乗り込んでいる。 (C) ボートが桟橋に係船されている。 (D) 鳥の群れが飛んでいる。

1.

🔊 20

Ⓐ Ⓑ Ⓒ Ⓓ

2.

🔊 21

Ⓐ Ⓑ Ⓒ Ⓓ

3.

🔊 22

Ⓐ Ⓑ Ⓒ Ⓓ

4.

🔊 23

Ⓐ Ⓑ Ⓒ Ⓓ

5.

🔊 24

Ⓐ Ⓑ Ⓒ Ⓓ

6.

🔊 25

Ⓐ Ⓑ Ⓒ Ⓓ

1.

🔊 20

(A) A man is getting on a train.
(B) A man is drinking a beverage.
(C) A man is picking up a bag.
(D) A man is holding a jacket.

男性が電車に乗り込んでいる写真です。これをget on...「〜に乗り込む」を使い適切に描写した(A)が正解です。男性は飲み物を持っていますが飲んではいないので(B)は不正解。鞄を担いではいますが、持ち上げている最中ではないので(C)も不正解。ジャケットは持っておらず着ているので(D)も不可です。　正解（A）

☐ **get on...** 〜に乗り込む
　類 board
☐ **beverage** 飲み物 **類 drink**
☐ **pick up...** 〜を拾い上げる

> **訳** (A) 男性は電車に乗り込んでいる最中だ。
> (B) 男性は飲み物を飲んでいる。
> (C) 男性は鞄を拾い上げている。
> (D) 男性はジャケットを持っている。

2.

🔊 21

(A) A light stand is being moved.
(B) Documents are being stored in a drawer.
(C) A man is facing a screen.
(D) A man is repairing a keyboard.

男性がコンピュータを使っている写真です。これをface「〜のほうを向く」を使い、「画面のほうを向いている」とした(C)が正解です。照明スタンドは写っていますが、動かされている最中ではないので(A)は不正解。書類も引き出しにしまわれている最中ではないので(B)も不正解。キーボードは写っていますが、修理している訳ではないので(D)も不可です。　正解（C）

☐ **light stand** 照明スタンド
☐ **move** 〜を動かす
☐ **document** 書類
☐ **store** 〜をしまう
☐ **drawer** 引き出し

> **訳** (A) 照明スタンドが動かされている最中だ。
> (B) 書類が引き出しにしまわれている最中だ。
> (C) 男性は画面のほうを向いている。
> (D) 男性はキーボードを修理している。

3.

🔊 22

(A) Some people are sitting on stools.
(B) Some items are being arranged on shelves.
(C) People are shaking hands.
(D) A counter is being cleared.

カウンターのところに店員と2人の客がいる写真です。これを「stool（丸いす）に何人かが座っている」とした(A)が正解です。棚に商品が並べられている最中ではないので(B)は不正解。握手をしているところではないので(C)も不正解。カウンターは掃除されている最中ではないので(D)も不可です。　正解（A）

□ **stool** 丸いす（背もたれのない椅子）
□ **arrange** 〜を並べる
□ **shelf** 棚
□ **shake hands** 握手する
□ **clear** 〜を掃除する

訳
(A) 何人かの人が丸いすに座っている。
(B) 棚の商品が並べられている最中だ。
(C) 人々は握手をしている。
(D) カウンターが掃除されている最中だ。

4.

🔊 23

(A) A man is writing a letter.
(B) Two people are painting a ceiling.
(C) A man is holding a light fixture.
(D) A couch is being placed against a wall.

2人の人が照明器具を持っている写真です。これをlight fixture「照明器具」を使い適切に描写している(C)が正解です。(A)はladder「はしご」に似た音のletter「手紙」を使った引っかけです。天井は写っていますがペンキを塗っている訳ではないので(B)は不正解。ソファーは壁に置かれている最中ではないので(D)も不正解です。　正解（C）

□ **ceiling** 天井
□ **light fixture** 照明器具
□ **couch** ソファー
□ **place** < 前置詞句 > 〜を置く

訳
(A) 男性は手紙を書いている。
(B) 2人が天井を塗っている。
(C) 男性は照明器具を持っている。
(D) ソファーが壁を背に置かれている最中だ。

5.

🔊 24

(A) Cars are parked side by side.
(B) All the windows are open.
(C) Some trees are casting shadows.
(D) Some people are getting into cars.

建物、車、木々が写っている写真です。これを「木が影を落としている」と表した(C)が正解です。車は横並びに停められてはいないので(A)は不正解です。すべての窓が開いている訳ではないので(B)も不正解です。車に乗り込んでいる人はいないので(D)も不正解です。　**正解 (C)**

□ **side by side** 横並びで
□ **cast a shadow** 影を落とす
□ **get in/into a car** 車に乗り込む
※電車・船・飛行機には get on/get onto を使います

訳	(A) 車が横並びに停まっている。
	(B) すべての窓が開いている。
	(C) 木々が影を落としている。
	(D) 何人かが車に乗り込んでいる最中だ。

6.

🔊 25

(A) People are sitting at a construction site.
(B) A shovel is lying on a curb.
(C) One man is leaning over a wheelbarrow.
(D) One man is removing his vest.

工事現場に3人が写っている写真です。これをlean over...「～のほうに身を傾ける」とwheelbarrow「一輪車」というTOEIC頻出の表現を使って表した(C)が正解です。男性たちは座っていないので(A)は不正解です。シャベルは写っていますが縁石の上に置かれてはいないので(B)も不正解。男性たちはベストを着用していますが、脱いでいる最中ではないので(D)も不可です。　**正解 (C)**

□ **construction site** 工事現場
□ **shovel** シャベル
□ **lie** ある
□ **curb** 縁石
□ **lean over...** ～に身を傾ける
□ **wheelbarrow** 一輪車
□ **remove** ～を取り外す
□ **vest** ベスト

訳	(A) 人々は工事現場で座っている。
	(B) シャベルが縁石に置いてある。
	(C)1 人の男性が一輪車のほうに身を傾けている。
	(D)1 人の男性がベストを脱いでいる最中だ。

PART 2
応答問題

PART 2
応答問題と解き方

設問数 26問　問題形式 音声のみ　所要時間 全体で約9分

　1つの文と、それに対して3つの応答が放送されます。質問も応答も音声のみで流れます。

問題の前に下記のような放送が流れます。

Part 2

Directions : You will hear a question or statement and three responses spoken in English. They will not be printed in your test book and will be spoken only one time. Select the best response to the question or statement and mark the letter (A), (B), or (C) on your answer sheet.

消去法を使いつつ、様々なパターンの引っかけに対処しましょう。最初の発言を頭の中でリピートするという技もあります。

消去法を使う

最初の発言を頭の中でリピートするという技も

　Part 1は最初の人の発言の返答として適切なものを3つの選択肢の中から選ぶ問題です。選択肢の英文は問題用紙に書かれておらず、リスニングセクションの中で唯一耳で聞くだけで解くパートです。問題を解く時はPart 1と同様消去法を使いましょう。3択なので1つ消去できるだけで正解の可能性は50%になります。ぜひ実践しましょう。ではまず例題を聞いてみましょう。

例題　Mark your answer on your answer sheet.

🔊 26　Ⓐ Ⓑ Ⓒ

　最初の人の発言は「会議はどうだったか」と尋ねています。それに対して、「それ（＝会議）はとても役立った」と答えている(C)が正解です。不正解の選択肢には、引っかけるための罠が仕掛けられています。今回の問題にもきちんと音声を聞き取れていない人を引っかけるための罠がありました。　正解（C）

How was the conference?

(A) Three speakers.
(B) I need references.
(C) It was very helpful.

連想語を使った引っかけ

　(A)の選択肢にはspeaker「話し手」という単語が使われています。これはconference「会議」という語から連想される語です。Part 2では

このように連想語を使った引っかけがよく出てきます。ちなみに、機械のspeaker「スピーカー」もよく会議関連の問題の引っかけで出てきます。

response「反応」、responsible「責任のある」、responsibility「職務」のように、品詞の異なる関連語の引っかけもよく出ます。

似た音を使った引っかけ

(B)の選択肢のreference「推薦状」は最初の発言に出てきているconferenceと似た音を使った引っかけです。人は意味がわからない場合に似た音が出てくる選択肢を選びたくなってしまうものなのです。自分もフランス語の試験を受けた時にこれを実感しました。そのため、似た音や同じ音を使った引っかけはよく登場します。

(C)の音声を聞くまでに最初の人の発言の音声を忘れてしまうという悩みを聞くことがよくあります。それを防ぐために、最初の発言を繰り返すという技があります。

最初の発言を頭の中でリピートする

How was the conference?
How was the conference?（リピート）

(A) Three speakers.

(B) I need references.

(C) It was very helpful.

このように3度頭の中で繰り返すことにより、忘れるのを防ぐことができます。また、これにより選択肢が読まれる直前に質問を思い出しているので、質問→応答と頭の中で会話をイメージしやすく消去法の○×△の判断もつけやすくなります。

出題語彙

□ **conference** 会議

□ **reference** 推薦状
　　類 **recommendation**

□ **helpful** 役立つ　類 **useful**

訳　会議はどうでしたか。
　　(A) 3人の話し手です。
　　(B) 推薦状が必要です。
　　(C) とても役立ちました。

▶似た音の引っかけ一覧

□ work 働く	□ walk 歩く
□ hold 掴む	□ fold たたむ
□ box 箱	□ books 本の複数形
□ clothes 服	□ close 閉める・近い
□ letter 手紙	□ ladder はしご
□ move 動く	□ movie 映画
□ write 書く	□ ride 乗る
□ wrong 間違った	□ long 長い
□ meet 会う	□ meeting 会議
□ account 口座	□ count 数える
□ quite とても	□ quiet 静かな　　□ quit 辞める
□ knew 知っていた	□ new 新しい
□ week 週	□ weak 弱い
□ whether かどうか	□ weather 天気

> **！注意点**
>
> ・消去法で選択肢を1つ消去できるだけで、正解の可能性は50%になる。
>
> ・問いかけの文と同じ語や発音の似た語（tiredとretiredなど）が含まれる選択肢は引っかけの可能性大。ただし、あくまでやりとりが成立するかどうかで判断する。
>
> ・（C）の音声を聞くまでに最初の人の発言の音声を忘れてしまうことに注意。それを防ぐために、最初の発言を繰り返すという技を使う。

Point 1	WH 疑問文

最初の WH 疑問詞を聞き逃さない

例題と解法

　Part 2の中で最もやさしいことが多いのがWH疑問文の問題です。WHとはWho「誰」、What「何」、When「いつ」、Where「どこ」、Why「なぜ」、How「どのように・どう」などいわゆる疑問詞と言われるものがついた疑問文のことです。

　では例題をやってみましょう。

例　Mark your answer on your answer sheet.

🔊 27　Ⓐ Ⓑ Ⓒ

　最初の発言はWhereのWH疑問文です。最寄り駅の場所を尋ねているのに対して、「マーケット通りに（駅が）1つある」と答えている(C)が正解です。(A)はclosest「最も近い」と音の似たcloset「クローゼット」を使った引っかけ、(B)はstation「駅」から連想されるtrain「電車」を使った引っかけです。

　WHの問題はWHの部分が聞こえれば正解を選べる問題が多いです。今回もWhereさえ聞き取れれば、場所を答えている(C)を簡単に選ぶことができます。　正解（C）

Where's the closest station?

(A) The closet can't be used.

(B) Yes, the train is crowded.

(C) There's one on Market Street.

（出題語彙）
□ crowded 混んだ

訳 最寄り駅はどこですか。
(A) クローゼットは使えません。
(B) はい、電車は混んでいます。
(C) マーケット通りに1つあります。

▶ 似た音の引っかけ一覧

□ copy コピー	□ coffee コーヒー
□ pair ペア	□ repair 直す
□ post 貼る	□ postpone 延期する
□ price 値段	□ prize 賞　　　□ place 場所・置く
□ supplies 供給	□ surprise 驚き・驚かせる
□ travel 旅する	□ trouble 困りごと
□ review 見直す	□ view 見る
□ contact 連絡する	□ contract 契約
□ fish 魚	□ finish 終える

[練習問題]

1. Mark your answer on your answer sheet.

🔊 28　Ⓐ Ⓑ Ⓒ

2. Mark your answer on your answer sheet.

🔊 29　Ⓐ Ⓑ Ⓒ

3. Mark your answer on your answer sheet.

🔊 30　Ⓐ Ⓑ Ⓒ

4. Mark your answer on your answer sheet.

🔊 31　Ⓐ Ⓑ Ⓒ

[練習問題の解答解説]

◀)) 28

1. When can I register for the seminar?

(A) At that counter.

(B) By the end of next week.

(C) Many attendees.

　最初の発言はWhenから始まる疑問文です。When「いつ」に対して、来週末と答えている(B)が正解です。(A)はWhenをWhereと聞き間違えた人を引っかけるための選択肢です。Where can I register for the seminar?「セミナーはどこで登録できますか」であれば正解になります。このように**whenとwhereの聞き間違いを狙った問題は毎回必ず出題されます**。(C)はセミナーから連想されるattendee「出席者」という語を使った引っかけです。　正解（B）

□ **register for...** ～に登録する

類 **sign up for**

□ **attendee** 出席者

訳　セミナーの登録はいつできますか。
(A) そのカウンターでです。
(B) 来週末までにです。
(C) 多くの出席者です。

◀)) 29

2. Who will reserve the restaurant?

(A) I heard Mr. Johnson will.

(B) Around the corner.

(C) Pasta is delicious.

　最初の発言はWho「誰」から始まる疑問文です。誰がレストランを予約するのか尋ねているのに対して「ジョンソンがすると聞いた」と答えている(A)が正解です。willの後ろにreserve the restaurantが省略されています。このように会話では省略が起こりやすいので要注意です。(B)はレストランの場所を聞いていると勘違いした人を引っかけるための選択肢です。(C)はレストランから連想されるpasta「パスタ」という語を使った引っかけです。　正解（A）

□ **reserve** ～を予約する

□ **around the corner**
角を曲がったところに、すぐ近くに

□ **delicious** 美味しい

訳　誰がレストランを予約しますか。
(A) ジョンソンさんがすると聞きました。
(B) 角を曲がったところにです。／すぐ近くにです。
(C) パスタは美味しいです。

3. Why wasn't Ms. Tanaka in the meeting today? 🔊30

　(A) She had a dentist's appointment.

　(B) No, she didn't.

　(C) It's a sunny day.

　最初の発言はWhy「なぜ」から始まる疑問文です。田中さんが会議にいなかった理由を尋ねているのに対して、「歯医者の予約がある」→「だから会議にいなかった」と答えている(A)が正解です。Part 2が難しい理由の1つは、このように**行間を読まなければならない変化球の問題**が出題されるからです。(B)はNoで答えているため、即不正解だと判断できます。**WH疑問文にはYes/Noでは答えられません。**これを知っておくだけで正答率が上がります。(C)はtodayの中に入っているdayという語を使った引っかけです。　正解（A）

□ **meeting** 会議

□ **dentist** 歯医者

□ **appointment** 予約

□ **sunny** 晴れの

訳　なぜ田中さんは今日会議にいなかったのですか。
(A) 歯医者の予約があります。
(B) いいえ。彼女はしませんでした。
(C) 晴れです。

---

4. How did your interview go? 🔊31

　(A) It's been rescheduled.

　(B) The view was amazing.

　(C) You may go home.

　最初の発言はHowから始まる疑問文です。面接がどのように進んだ（＝どうだった）か尋ねているのに対して、「それ（＝面接）は予定変更された」と答えている(A)が正解です。このように**予想外の返答が出てくる**ものも多いです。(B)はinterviewと似た音のviewを使った引っかけ、(C)は質問文中にあるgoを使った引っかけです。

　正解（A）

□ **interview** 面接

□ **reschedule...** 〜の予定を変更する

□ **view** 景色

□ **amazing** 素晴らしい

□ **may...** 〜してもよい

訳　面接はどうでしたか。
(A) それの予定は変更されました。
(B) 眺めは素晴らしかったです。
(C) 家に帰ってもよいですよ。

Point 2 | Yes/No と平叙文

Yes/No疑問文だからといってYesやNoで答えるとは限らない

例題と解法

Part 2ではWH疑問文だけではなく、Yes/No疑問文も出てきます。Yes/No疑問文はWH疑問文とは違い、Yes/Noで答えることができる疑問文です。また、疑問文だけではなく疑問文ではない平叙文も登場します。

例　Mark your answer on your answer sheet.

🔊 32　 Ⓐ Ⓑ Ⓒ

最初の発言はAre youで始まるYes/No疑問文です。会議でプレゼンテーションするのか尋ねているのに対して、「私の話（＝プレゼンテーション）は日曜日です」と答えている(B)が正解です。このようにYes/No疑問文だからといってYesやNoで答えるとは限らないので注意です。また現在進行形はPart 1では現在行っている動作の途中を表しますが、他のPartでは本問のように未来の予定を表す場合がほとんどです。(A)はpresentやconvention「コンベンション・大きな会議」から連想されるconference「会議」を使った引っかけです。(C)は同じ音のpresent「プレゼント」を使った引っかけです。

正解（B）

Are you presenting at the convention?

(A) Two conferences.

(B) My talk is on Sunday.

(C) I didn't receive any presents.

70

出題語彙

□ **present** プレゼンテーションを
する・プレゼント

□ **convention** コンベンション・
大会

訳 コンベンションでプレゼンテーショ
ンを行いますか。
(A) 会議2回です。
(B) 私の話は日曜日です。
(C) 何もプレゼントを受け取りませ
んでした。

▶ 連想語を使った引っかけ

□ **work** 働く・機能する	□ **plant** 工場・植物・植える
□ **train** 電車・訓練する	□ **reach** 連絡する・到着する・手を伸ばす
□ **issue** 問題・～を出す	□ **run** 走る・営業する
□ **room** 部屋・スペース	□ **well** うまく・健康する
□ **sign** 署名する・標識・兆候	□ **leave** 出発する・休暇・葉
□ **call** 呼ぶ・電話する	□ **park** 停車する・公園
□ **charge** 請求・請求する・充電する	□ **break** 壊す・休憩
□ **change** 変える・お釣り	□ **board** 板・乗る・役員
□ **mind** 気にする・精神	□ **application** アプリケーション・応用・応募
□ **watch** 見る・腕時計	

[練習問題]

1. Mark your answer on your answer sheet.

🔊 33　(A) (B) (C)

2. Mark your answer on your answer sheet.

🔊 34　(A) (B) (C)

3. Mark your answer on your answer sheet.

🔊 35　(A) (B) (C)

4. Mark your answer on your answer sheet.

🔊 36　(A) (B) (C)

[練習問題の解答解説]

🔊 33

1. Have you finished the article?

(A) A famous writer.

(B) No, not yet.

(C) I like fish.

最初の発言はHave youで始まる現在完了形のYes/No疑問文です。記事を読み終えたか尋ねているのに対して「まだ（読み終わっていない）」と答えている(B)が正解です。(A)はarticle「記事」から連想されるwriter「記者」を使った引っかけです。(C)はfinishと音の似たfishを使った引っかけです。　**正解（B）**

□ **article** 記事
□ **famous** 有名な
□ **not ... yet** まだ〜ない

> **訳** 記事を読み終えましたか。
> (A) 有名な記者です。
> (B) いいえ、まだです。
> (C) 魚が好きです。

🔊 34

2. Is this the cheapest tablet computer?

(A) I've seen more affordable options.

(B) They are on the table.

(C) At the repair shop.

最初の発言はIsから始まるYes/No疑問文です。これは一番安いコンピュータかと尋ねているのに対して、もっと安い選択肢（＝コンピュータ）を見た→「一番安いコンピュータではない」と答えている(A)が正解です。行間を読まなければならないので厄介な問題です。(B)はtabletと似た音のtableを使った引っかけ、(C)はcomputerから連想されるrepair「修理」という語を使った引っかけです。

正解（A）

□ **tablet** タブレット
□ **affordable** 安い
🔁 **reasonable**
□ **repair** 修理・修理する

> **訳** これは一番安いタブレットコンピュータですか。
> (A) より安いものを見ました。
> (B) それらはテーブルの上にあります。
> (C) 修理店でです。

35

3. We'll be meeting with our clients tomorrow.

(A) We went to the airport.

(B) I'll prepare for that.

(C) They are in the meeting room.

　最初の発言はWe'llから始まる平叙文です。明日クライアントに会うと述べているのに対して、「それ（＝クライアントに会う）の準備をする」と答えている(B)が正解です。未来進行形will be doingは未来の予定を表す形です。(A)は時制が過去ではなく未来を表すものであれば正解になれます。(C)はmeetの-ing形と同音のmeeting「会議」を使った引っかけです。　　正解（B）

□ **meet with...** ～と（会議などで）会う
□ **client** クライアント
□ **prepare for...** ～のための準備をする

訳　明日私たちのクライアントに会います。
(A) 私たちは空港に行きました。
(B) そのための準備をします。
(C) 彼らは会議室にいます。

36

4. I just submitted my application form.

(A) We applied the paint to the wall.

(B) I admit your proposal is better.

(C) When is the due date.

　最初の発言は過去形の平叙文です。申込書を提出したと述べているのに対して、「（申込書提出の）締め切り日はいつか」と疑問文で返している(C)が正解です。このように平叙文に対して疑問文で返す問題は頻出です。(A)はapplicationの関連語applyを使った引っかけです。ただしこのapplyは「塗る」という意味です。(B)はsubmitと音の似たadmitを使った引っかけです。　　正解（C）

□ **submit** 提出する
□ **application** 応募
□ **form** 用紙
□ **apply A to B** AをBに塗る
□ **admit** 認める
□ **proposal** 提案

訳　申込書を先ほど提出しました。
(A) 壁にペンキを塗りました。
(B)あなたの提案のほうがいいと認めます。
(C) 締め切り日はいつですか。

Point 3 選択疑問文

わかりやすい答えが返ってくるとは限らない 変化球的な答えにも気をつける

例題と解法

　Part 2では、AなのかBなのかを尋ねる選択疑問文が登場します。A or B「AまたはB」やwhich「どっち・どれ」などが出てきます。AやBと直接的に答えてくれるものもありますが、変化球が出てくることも多いので気をつけなければなりません。

例　Mark your answer on your answer sheet.

🔊 37　Ⓐ Ⓑ Ⓒ

　office supplies「オフィス用品」を今日買うべきが、明日買うべきか尋ねているのに対して「明日で大丈夫」と答えている(B)が正解です。(A)は何かを買うという状況から連想される金額を使った引っかけです。(C)はsuppliesと音の似たsurprise「驚かせる」を使った引っかけです。

　今回はA or Bに対してB (tomorrow)と直接的に返答しているので、簡単に答えを出すことができますが、様々な返答パターンがあります。例えば、I don't know（わからない）などは万能な返答です。他にもEither is fine（どちらでもいい）、The day after tomorrow will be better（明後日の方がいいです）など3番目の選択肢が出てくることもあります。　正解（B）

Should I buy office supplies today or tomorrow?
(A) 80 dollars.
(B) Tomorrow is fine with me.
(C) I was really surprised.

出題語彙

□supplies 用品
□fine よい
□surprise 驚かせる・驚き

訳 オフィス用品を今日買うべきですか
明日買うべきですか。
(A)80 ドルです。
(B) 私は明日で大丈夫です。
(C) 本当に驚きました。

▶ 応答の変化球の例

わからない

□ I don't know. 知らないです。

□ I have no idea. まったくわからないです。

□ I have no clue. まったくわからないです。

□ I'm not sure. 確信がないです。

誰かに聞け

□ You should ask X. Xに聞くべきです。

□ You can ask X. Xに聞けますよ。

□ Why don't you ask X? Xに聞いたらどうですか。

□ X might know. Xが知っているかもしれません。

□ Didn't I tell you before? 前に言わなかったですか。

□ Check the bulletin board. 掲示板をチェックしてください。

□ We received an e-mail about it. それに関してのEメールを受け取りました。

[練習問題]

1. Mark your answer on your answer sheet.

🔊 38 (A) (B) (C)

2. Mark your answer on your answer sheet.

🔊 39 (A) (B) (C)

3. Mark your answer on your answer sheet.

🔊 40 (A) (B) (C)

4. Mark your answer on your answer sheet.

🔊 41 (A) (B) (C)

[練習問題の解答解説]

🔊 38

1. Do you prefer shopping online or going to a store?

(A) No, I don't want it.

(B) I like shopping online better.

(C) Files are stored in that cabinet.

　質問文はA or Bの選択疑問文です。オンラインで買うのと店に行くのはどちらがよいのか尋ねているのに対して、オンラインで買うほうがいいと述べている(B)が正解です。選択疑問文に対してYes/Noで答えることはできないので、(A)は即不正解だとわかります。この法則はぜひ覚えておきましょう。(C)はstore「店」と同音のstore「保管する」という単語を使った引っかけです。　正解 (B)

□ **prefer** 〜をより好む
□ **online** オンラインで
□ **store** 店、保管する
□ **cabinet** キャビネット

> 訳　オンラインで買うのと店に行くのはどちらがいいですか。
> (A) いいえ、それを欲しくはありません。
> (B) オンラインで買うほうがいいです。
> (C) ファイルはそのキャビネットにしまってあります。

🔊 39

2. Should I bring refreshments to the party, or can you do it for me?

(A) I'll take care of it.

(B) It was refreshing.

(C) Yes, you should wait.

　軽食を自分が持っていくか、相手に代わりにやってくれるか尋ねているのに対して、「私がやります（＝私が軽食を持っていきます）」と答えている(A)が正解です。(B)はrefreshmentと似た音のrefreshing「爽快な」を使った引っかけです。(C)はshouldを使った引っかけですが、Yesで答えているので瞬時に間違いだとわかります。　正解 (A)

□ **refreshment** 軽食
□ **take care of...** 〜の面倒を見る、引き受ける
□ **refreshing** 爽快な

> 訳　私がパーティーに軽食を持って行きますか、それとも代わりにやってくれますか。
> (A) 私がやります。
> (B) それは爽快でした。
> (C) はい、待った方がいいですよ

3. Which theater do you want to go to?

(A) His performance was great.

(B) Tickets are available.

(C) I prefer watching movies at home.

　最初の発言はWhichの選択疑問文です。どの映画館に行きたいか尋ねているのに対して、(どの映画館でもなく)家で映画を見ている方がよいという3つ目の選択肢を提示している(C)が正解です。(A)はtheater「劇場」から連想されるperformance「演技」を使った引っかけ、(B)も連想語のticket「チケット」を使った引っかけです。

正解 (C)

□ **theater** 劇場・映画館
□ **performance** 演技、演奏、業績
□ **available** 手に入る、利用できる
□ **at home** 家で

訳　どの映画館に行きたいですか。
(A) 彼の演技はとても良かったです。
(B) チケットは購入できます。
(C) 家で映画を観るのが好きです。

4. Would you rather visit the department store or the park?

(A) You can park your car there.

(B) I ordered both.

(C) The weather is beautiful today.

　最初の発言はA or Bの選択疑問文です。デパートに行きたいか公園に行きたいか尋ねているのに対して、「天気がとてもよい(から屋外である公園に行きましょう)」と間接的に答えている(C)が正解です。このように遠回しに答える変化球の解答は要注意です。(A)はpark「公園」と同音のpark「停車する」を使った引っかけです。(B)はA or Bに対してboth「両方」という単語を使った引っかけです。　正解 (C)

□ **would rather do** ～するほうがよい
□ **park** 公園、停車する
□ **order** 注文する
□ **weather** 天気

訳　デパートに行きたいですが、公園に行きたいですか。
(A) ここに車を停められます。
(B) 両方注文しました。
(C) 天気は今日とてもよいです。

Point 4 | 否定疑問文と付加疑問文

not の部分を取る

例題と解法

　Part 2には様々なタイプの疑問文が出てきます。その中でも否定疑問文と付加疑問文は苦手な人が多いです。しかし、これはコツを掴んでしまえば攻略は簡単です。

例　Mark your answer on your answer sheet.

🔊 42　Ⓐ Ⓑ Ⓒ

　最初の発言はDoesn'tから始まる否定疑問文です。キャリーが販売部で働いているか尋ねているのに対して、「そうです」と答えている(B)が正解です。(A)は同音のwork「うまくいく」を使った引っかけ、(C)も同じ単語salesを使った引っかけです。

　否定疑問文は「〜ではないですよね？」というよりも「〜ですよね？」に近いです。今回も「キャリーは販売部で働いていないですよね」ではなく「働いていますよね？」「働いてるんじゃなかったでしたっけ？」というような意味になります。Yesの場合は「働いているの？」「働いていないの？」とごっちゃになってしまう人がいますが、そういう場合はnotの部分を取り払って考えましょう。

Doesn't Carrie work in sales?
(A) That doesn't work.
(B) Yes, that's right.
(C) The sales figures are quite good.

Doesn't Carrie work in sales? キャリーは販売部で働いていますよね？

    Yes. はい（働いています） **No.** いいえ (働いていません)

Does Carrie work in sales? キャリーは販売部で働いていますか？

    Yes. はい（働いています） **No.** いいえ (働いていません)

英語ではどちらの場合もYes/Noは同じです。混乱する場合はnotの部分を取ってしまいましょう。

付加疑問文でも似たようなことが言えます。

Carry works in sales, doesn't she?

キャリーは販売部で働いていますよね？

    Yes. はい（働いています） **No.** いいえ (働いていません)

Carry works in sales? キャリーは販売部で働いているの？

    Yes. はい（働いています） **No.** いいえ (働いていません)

このように付加疑問文の場合は「付加された部分」を取ってしまいましょう。 正解（B）

（出題語彙）

□ **sales** 販売部 = **the sales department**
□ **work** うまくいく、機能する 類 **function**
□ **sales figure** 売上
□ **figure** 類 **number**

訳 キャリーは販売部で働いていますよね。
(A) それはうまくいきません。
(B) はい、その通りです。
(C) 売上高はとてもいいです。

[練習問題]

1. Mark your answer on your answer sheet.

🔊 43 Ⓐ Ⓑ Ⓒ

2. Mark your answer on your answer sheet.

🔊 44 Ⓐ Ⓑ Ⓒ

3. Mark your answer on your answer sheet.

🔊 45 Ⓐ Ⓑ Ⓒ

4. Mark your answer on your answer sheet.

🔊 46 Ⓐ Ⓑ Ⓒ

[練習問題の解答解説]

◀» 43

1. Didn't George reserve the conference room?

(A) I think he did.

(B) Three references.

(C) It conserves nature.

最初の発言はDidn'tから始まる否定疑問文です。ジョージが会議を予約したかを確認しているのに対して、「したと思います」と答えている(A)が正解です。(B)はconferenceと似た音のreference「推薦状」を、(C)はreserveと似た音のconserve「保護する」を使った引っかけです。　正解 (A)

□ **reserve** とっておく、予約する

□ **conference** 会議

□ **conserve** 保護する、保存する

□ **reference** 推薦状 類 recommendation

訳　ジョージは会議室を予約しましたよね。
(A) 彼がしたと思います。
(B) 推薦状3つです。
(C) それは自然を保護します。

◀» 44

2. The live performance starts at eight, doesn't it?

(A) So many stars.

(B) No, it should be seven.

(C) I like rock music.

最初の発言はdoesn't itで終わる付加疑問文です。ライブ公演が8時に始まるかを確認しているのに対して、「いいえ、7時のはずです」と答えている(B)が正解です。付加の部分doesn't itを取ってしまえば混乱せずにすんなり解答できます。(A)はstartsと似た音のstarsを使った引っかけです。(C)はlive performanceというフレーズから連想されるrock musicを使った引っかけです。　正解 (B)

□ **live** ライブの

□ **performance** 公演・業績

□ **should** ～なはずだ、～すべきだ

訳　ライブ公演は8時に始まりますよね。
(A) とても多くの星です。
(B) いいえ、7時のはずです
(C) ロックミュージックが好きです。

3. The delivery person came this morning, right?

　(A) The package is under your desk.

　(B) No, on the left.

　(C) Express service.

　最初の発言はrightで終わる付加疑問文です。このrightは「～ですよね？」のような意味になります。配達員が来たかを確認しているのに対して、「小包が机の下にある」＝「配達員は来た」と婉曲的に答えている(A)が正解です。行間を読まなければならない問題です。(B)は「右」の意味のrightから連想されるleft「左」を使った引っかけです。(C)はdelivery「配達」から連想されるexpress service「速達」という表現を使った引っかけです。　正解（A）

□ **delivery** 配達

□ **on the left/right** 左/右側に

□ **express service** 速達

訳　今朝、配達員が来ましたよね。
(A) 小包はあなたの机の下にあります。
(B) いいえ、左側です。
(C) 速達です。

4. Don't you think our company vehicle needs to be repaired?

　(A) There are two pairs.

　(B) I'll fix the computer.

　(C) We purchased it only last year.

　最初の発言はDon'tで始まる否定疑問文です。社用車を修理する必要があるのではと尋ねているのに対して、「去年買ったばかりだ」とし、「なぜ修理する必要があるのか」といった意味合いを含んだ(C)が正解。否定疑問文はこのように相手に同意を求める時にもよく使われます。(A)はrepairと音の似たpair「ペア」を使った、(B)はrepairの類語のfix「修理する」を使った引っかけです。　正解（C）

□ **vehicle** 車両

□ **need to do** ～する必要がある

□ **repair** 修理する

□ **fix** 修理する

□ **purchase** 購入する　類 **buy**

訳　我が社の社用車は修理する必要があると思いませんか。
(A)2 セットあります。
(B) 私がコンピュータを直しますよ。
(C) 去年買ったばかりですよね。

Point 5 | 提案・依頼・申し出

尋ねるだけではない表現の使い方を覚える

例題と解法

Part 2には様々な会話が出てきます。ただ相手に尋ねるのではなく、「〜したらどうですか？」「〜しませんか？」といった提案の場面、「〜してくれませんか？」といった依頼の場面、そして「〜しましょうか？」といった申し出の場面もよく登場します。どういった表現が使われるのかこの章で勉強しましょう。

例 Mark your answer on your answer sheet.

🔊 47 　 (A) (B) (C)

最初の発言はWhy don't we...? 「〜したらどうですか」から始まる提案文です。商品をオンラインで広告するのはどうかと提案しているのに対して、「いい考えですね」と賛同している(B)が正解です。(A)はproduct「商品」から連想されるexpensive「高い」という語を使った引っかけです。(C)はonlineと似た音のin line「列に」を使った引っかけです。

正解（B）

Why don't we advertise the product online?

(A) Mine is very expensive.

(B) Sounds like a good idea.

(C) People are waiting in line.

訳 商品をオンラインで広告するのはどうですか。
(A) 私のはとても高いです。
(B) いい考えですね。
(C) 人々は列に並んでいます。

▶ 応答の変化球の例

まだ決まっていない

□ **It hasn't been decided yet.** それはまだ決まっていません。

□ **We haven't decided.** まだ決まっていない。

中止・延期

□ **It's been canceled.** それは中止されました。

□ **It's been postponed.** それは延期されました。

□ **It's been delayed.** それは延期されました。

[練習問題]

1. Mark your answer on your answer sheet.

🔊 48　Ⓐ Ⓑ Ⓒ

2. Mark your answer on your answer sheet.

🔊 49　Ⓐ Ⓑ Ⓒ

3. Mark your answer on your answer sheet.

🔊 50　Ⓐ Ⓑ Ⓒ

4. Mark your answer on your answer sheet.

🔊 51　Ⓐ Ⓑ Ⓒ

[練習問題の解答解説]

🔊 48

1. Can you bring a dessert to the party?

(A) I'd be happy to.

(B) Some parts are missing.

(C) It was too sweet.

　最初の文はCan you...?「～してくれますか」から始まる依頼文です。デザートをパーティーに持ってきてくれるか尋ねているのに対して、「喜んで」と答えている(A)が正解です。このtoの後ろにはbring以下が省略されています。依頼の表現は他にもCould you / Will you / Would youなどがあります。またI was wondering if you could...「～していただけますか」という丁寧な表現もあります。(B)はpartyと音の似たpartを使った引っかけです。(C)はdessert「デザート」から連想されるsweet「甘い」という表現を使った引っかけです。　正解（A）

□ **would be happy to do** 喜んで～する
□ **part** 部品、部分
□ **missing** 欠けている、見当たらない

> 訳 パーティーにデザートを持ってきてくれますか。
> (A) 喜んで。
> (B) いくつかの部品がありません。
> (C) それは甘すぎました。

🔊 49

2. Why don't you use a new marketing strategy?

(A) Jane used to work in Human Resources.

(B) There's a meeting about it tomorrow.

(C) I went to a fish market.

　最初の文はWhy don't you...?「～したらどうですか」という提案の文です。新しいマーケティング戦略を使ったらどうか提案しているのに対して、「会議が明日あります」→「明日考える」と間接的に答えている(B)が正解です。Why don't you...?は「(あなたは) ～したらどうですか」Why don't we...?は「(私たちは) ～したらどうですか」という意味になります。(A)はuseと似た音のusedを使った引っかけです。(C)はmarketingと似た音のmarketを使った引っかけです。　正解（B）

□ **marketing** マーケティング
□ **strategy** 戦略
□ **human resources** 人事部
□ **market** 市場

> 訳 新しいマーケティング戦略を使ったらどうですか。
> (A) ジェインはかつて人事部で働いていました。
> (B) 明日それについての会議があります。
> (C) 魚市場に行きました。

3. Would you like me to send you the document?

(A) I already printed it out.

(B) She delivered a letter.

(C) No, at the moment.

最初の文はWould you like me to...?「私に〜してほしいですか」→「〜しましょうか」という申し出の文です。文書を送りましょうかと申し出ているのに対して、「印刷しました」→「送る必要はない」と遠回しに答えている(A)が正解です。申し出はShall I...?「〜しましょうか」が有名ですが、Would you like me to...?やDo you want me to...?も覚えておきましょう。(B)はsendから連想されるdeliverを使った引っかけです。(C)はdocumentと似た音のmomentを使った引っかけです。

正解(A)

- □ **document** 文書
- □ **already** すでに
- □ **print out...** プリントアウトする
- □ **deliver** 配達する
- □ **at the moment** ちょうど今

訳　私があなたにその文書を送りましょうか。
(A) すでに印刷しました。
(B) 彼女は手紙を配達しました。
(C) いいえ、ちょうど今です。

4. May I replace the light bulb?

(A) No, I can handle it.

(B) I visited Tony's place last year.

(C) They are too heavy.

最初の文はMay I...?「〜ましょうか」という申し出の文です。電球を交換しましょうかと申し出ているのに対し、「私がやります」と答えている(A)が正解です。May I / Can I...?は「〜してよいですか」という許可を求めるだけでなく、このように申し出をする場合にも使われます。(B)はreplaceと音の似たplaceを使った引っかけです。(C)はTheyが指すものがないため不正解です。It isであれば「電球は重すぎて交換できない」となり正解になり得ます。　正解(A)

- □ **replace** 交換する
- □ **light bulb** 電球
- □ **handle** 扱う
- □ **place** 場所
- □ **heavy** 重い

訳　電球を交換しましょうか。
(A) いいえ、私がそれをやることができます。
(B) トニーのところに去年行きました。
(C) それらは重すぎます。

[演習問題]

1. Mark your answer on your answer sheet.

　　　　　　　　　🔊 52　Ⓐ Ⓑ Ⓒ

2. Mark your answer on your answer sheet.

　　　　　　　　　🔊 53　Ⓐ Ⓑ Ⓒ

3. Mark your answer on your answer sheet.

　　　　　　　　　🔊 54　Ⓐ Ⓑ Ⓒ

4. Mark your answer on your answer sheet.

　　　　　　　　　🔊 55　Ⓐ Ⓑ Ⓒ

5. Mark your answer on your answer sheet.

　　　　　　　　　🔊 56　Ⓐ Ⓑ Ⓒ

6. Mark your answer on your answer sheet.

　　　　　　　　　🔊 57　Ⓐ Ⓑ Ⓒ

7. Mark your answer on your answer sheet.

　　　　　　　　　🔊 58　Ⓐ Ⓑ Ⓒ

8. Mark your answer on your answer sheet.

　　　　　　　　　🔊 59　Ⓐ Ⓑ Ⓒ

9. Mark your answer on your answer sheet.

　　　　　　　　　🔊 60　Ⓐ Ⓑ Ⓒ

10. Mark your answer on your answer sheet.

　　　　　　　　　🔊 61　Ⓐ Ⓑ Ⓒ

11. Mark your answer on your answer sheet.

　　　　　　　　　🔊 62　Ⓐ Ⓑ Ⓒ

12. Mark your answer on your answer sheet.

　　　　　　　　　🔊 63　Ⓐ Ⓑ Ⓒ

13. Mark your answer on your answer sheet.

　　　　　　　　　🔊 64　Ⓐ Ⓑ Ⓒ

14. Mark your answer on your answer sheet.

🔊 65   (A) (B) (C)

15. Mark your answer on your answer sheet.

🔊 66   (A) (B) (C)

16. Mark your answer on your answer sheet.

🔊 67   (A) (B) (C)

17. Mark your answer on your answer sheet.

🔊 68   (A) (B) (C)

18. Mark your answer on your answer sheet.

🔊 69   (A) (B) (C)

19. Mark your answer on your answer sheet.

🔊 70   (A) (B) (C)

20. Mark your answer on your answer sheet.

🔊 71   (A) (B) (C)

21. Mark your answer on your answer sheet.

🔊 72   (A) (B) (C)

22. Mark your answer on your answer sheet.

🔊 73   (A) (B) (C)

23. Mark your answer on your answer sheet.

🔊 74   (A) (B) (C)

24. Mark your answer on your answer sheet.

🔊 75   (A) (B) (C)

25. Mark your answer on your answer sheet.

🔊 76   (A) (B) (C)

26. Mark your answer on your answer sheet.

🔊 77   (A) (B) (C)

🔊) 52

1. Why did you leave the office early?

(A) Leaves can be used as nutrients for the soil.

(B) Because I had a doctor's appointment.

(C) Yes, I can do it.

　最初の文はWhyのWH疑問文です。なぜオフィスを早く出たのか尋ねているのに対して、「医者の予約があったから」と答えている(B)が正解です。(A)はleave「出発する」という語と似たleaf「葉」の複数形を使った引っかけです。　正解（B）

□ **leave** ～から出発する
□ **early** 早く
□ **leaf** 葉
□ **nutrient** 栄養素
□ **soil** 土
□ **appointment** 予約

> 訳　なぜオフィスを早く出たのですか。
> (A) 葉っぱは土壌の栄養として使うことができます。
> (B) 医者の予約があったからです。
> (C) はい、私はそれができます。

🔊) 53

2. When will the windows be replaced?

(A) The installer will come tomorrow.

(B) In the storage room.

(C) The wind was really strong.

　最初の文はWhenのWH疑問文です。いつ窓が交換されるのか尋ねているのに対して、「(窓を)取り付ける人が明日来る」→「明日交換される」と婉曲的に答えている(A)が正解です。(B)は場所を答えているのでWhenとWhereの聞き間違いをした人を引っかけるためのもの、(C)はwindowと似た音のwindを使った引っかけです。

正解（A）

□ **replace** 交換する
□ **installer** 取り付ける人
□ **install** 取り付ける、インストールする
□ **storage** 保管、貯蔵

> 訳　いつ窓が交換されるのですか。
> (A) 取り付けをする人が明日来ます。
> (B) 貯蓄室の中です。
> (C) 風はとても強かったです。

3. We're planning to order a new printer.

(A) We bought new plants.

(B) About three dollars a day.

(C) I totally agree.

　最初の文は平叙文です。新しいプリンターを注文しようとしていると述べているのに対して、「(購入に)賛成です」と答えている(C)が正解です。(A)はplanと音の似ているplantを使った引っかけです。(B)は注文という場面から連想される値段を使った引っかけです。　正解（C）

□ **plan to do** ～するのを計画する
□ **order** 注文する
□ **printer** プリンター
□ **totally** 完全に 類 **completely**
□ **agree** 賛成する

> 訳　私たちは新しいプリンターを注文しようとしています。
> (A) 私たちは新しい植物を買いました。
> (B) 1日約3ドルです。
> (C) まったくもって同感です。

4. How much longer will the workshop last?

(A) Yes, very long.

(B) I don't know.

(C) We worked at that shop last year.

　最初の文はHowのWH疑問文です。ワークショップがあとどれくらい続くか尋ねているのに対して、「知らない」と答えている(B)が正解です。(A)はlongerの原級longを使った引っかけです。WH疑問文にはYes/Noで答えられないのですぐに間違いだとわかります。(C)はworkshopと似た音のworkとlast「続く」と同音のlast「昨～」を使った引っかけです。　正解（B）

□ **workshop** ワークショップ
□ **last** 続く 類 **continue**
□ **last year** 去年

> 訳　ワークショップはあとどれくらい続きますか。
> (A) はい、とても長いです。
> (B) 知りません。
> (C) 私たちは去年その店で働きました。

🔊 56

5.　Which application needs to be upgraded?

(A) Application forms are here.
(B) The critic graded the performance.
(C) We received an e-mail about it.

　最初の文はWhichのWH疑問文です。どのアプリケーションをアップデートする必要があるか尋ねているのに対して、「それ(どのアプリケーションをアップデートするか)についてのEメールを受け取った」と答えている(C)が正解です。(A)はapplication「アプリケーション」と同音のapplication「応募」を使った引っかけです。(B)はupgradeと似た音のgrade「格付けする」を使った引っかけです。

正解（C）

□ **application** アプリケーション・応募
□ **form** 用紙
□ **critic** 批評家
□ **grade** 格付けする
□ **performance** 公演・業績

訳　どのアプリケーションをアップグレードする必要がありますか。
(A) 申込書はここにあります。
(B) 評論家が公演を格付けしました。
(C) 私たちはそれについてのEメールを受け取りました。

🔊 57

6.　Didn't you print out your boarding pass?

(A) Actually, I can use my mobile phone.
(B) From Los Angeles to Hawaii.
(C) I'll pass you the salt.

　最初の文はDidn'tの否定疑問文です。搭乗券を印刷しなかったのかと尋ねているのに対して、「携帯電話が使える」→「印刷しなくていい」と婉曲的に答えている(A)が正解です。(B)は搭乗券から連想される場所を使った引っかけです。(C)はpass「券」と同音のpass「手渡す」を使った引っかけです。　正解（A）

□ **print out** 印刷する
□ **boarding pass** 搭乗券
□ **actually** 実際
□ **mobile phone** 携帯電話
□ **from A to B** AからBまで
□ **pass** 手渡す
□ **salt** 塩

訳　搭乗券を印刷しなかったのですか。
(A) 実は携帯電話を使うことができるんです。
(B) ロサンゼルスからハワイにです。
(C) 塩をとってあげますよ。

7. Who should I call to receive a refund?
　　(A) Fundamental procedures.
　　(B) I'll take care of it.
　　(C) Let's call it a day.

　最初の文はWhoのWH疑問文です。返金を受け取るために誰に電話をすればいいのか尋ねているのに対して、「私がやります」と誰がやるのかを答えている(B)が正解です。(A)はrefundと似た音のfundamental「基本的な」を使った引っかけです。(C)は同音のcallを使った引っかけです。　正解（B）

□ **refund** 返金
□ **fundamental** 基本的な
□ **take care of...** 引き受ける、〜を処理する
颔 **deal with**
□ **call it a day** お終いにする

訳　返金を受け取るために誰に電話をすればよいですか。
(A) 基本的な手順です。
(B) 私がやります。
(C) 今日はここまでにしましょう。

8. Where's the venue for this year's conference?
　　(A) On November 2.
　　(B) In Dublin.
　　(C) The revenue wasn't so high.

　最初の文はWhereのWH疑問文です。今年の会議がどこで行われるのか尋ねているのに対して、「ダブリン」という地名を答えている(B)が正解です。(A)はWhereとWhenを聞き間違えた人を引っかけるためのものです。(C)はvenue「会場」と似た音のrevenue「収入」を使った引っかけです。　正解（B）

□ **venue** 会場
□ **conference** 会議
□ **revenue** 収入

訳　今年の会議の会場はどこですか。
(A)11月2日です。
(B) ダブリンです。
(C) 収入はそんなに高くなかったです。

◀⏸ 60

9. Do you want a refund or an exchange?

(A) Nothing has changed.
(B) Yes, Ms. Tanaka does.
(C) I want a replacement.

　最初の文はA or Bの選択疑問文です。返金と交換のどちらがいいか尋ねているのに対して、「交換品が欲しい」と答えている(C)が正解です。(A)はexchangeと音の似たchangeを使った引っかけです。(B)は選択疑問文にYes/Noでは答えられないためすぐに不正解だとわかります。　正解（C）

□ **refund** 返金
□ **exchange** 交換
□ **replacement** 交換品・交換

訳　返金と交換どちらがよろしいですか。
(A) 何も変わっていません。
(B) はい、タナカさんがします。
(C) 交換品が欲しいです。

◀⏸ 61

10. The photocopier isn't functioning properly.

(A) I can call a technician.
(B) There are too many functions on this camera.
(C) A property manager.

　最初の文は否定文です。コピー機がきちんと動いていないと述べているのに対して、「技術者に電話できます」と答えている(A)が正解です。technicianが調べてくれる・修理してくれるという場面を思い浮かべなければならない婉曲的な解答です。(B)は名詞のfunction「機能」を使った引っかけです。最初の文は「機能する」という動詞のfunctionです。(C)はproperlyと似た音のpropertyを使った引っかけです。

正解（A）

□ **photocopier** コピー機 類 **copy machine**
□ **function** 機能する・機能
□ **properly** 適切に
□ **technician** 技術者
□ **property** 資産・不動産

訳　そのコピー機はちゃんと動いていません。
(A) 技術者に電話できます。
(B) このカメラには機能が多すぎです。
(C) 資産管理者です。

11. How long this commercial space has been vacant?

(A) 30 meters long.
(B) Let me check.
(C) I like the commercial.

　最初の文はHowのWH疑問文です。スペースがどれぐらいの期間空いているのか尋ねているのに対して、「確認させてください」と答えている(B)が正解です。(A)は、longという同じ語を使っていますが、最初の文は時間の長さなので不正解です。(C)は最初の文に出てくる同音のcommercialを使った引っかけです。　正解（B）

□ **How long...?** どれくらいの期間
□ **commercial** 商業用の・コマーシャル
□ **vacant** 空いた

訳　この商用スペースはどれくらい空いているんですか。
(A) 30 メートルです。
(B) 確認させてください。
(C) そのコマーシャルが好きです。

12. Their presentation was highly convincing, wasn't it?

(A) The ceiling is pretty high.
(B) The clients seemed satisfied.
(C) A new office of the president.

　最初の発言は付加疑問文です。プレゼンテーションは説得力がありましたよねと確認しているのに対して、「クライアントは満足していたようだ」→「説得力があった」と変化球で答えている(B)が正解です。行間を読む必要のある問題です。(A)はhighlyの形容詞形highを使った引っかけです。(C)はpresentationと似た音のpresidentを使った引っかけです。　正解（B）

□ **presentation** プレゼンテーション
□ **highly** とても
□ **convincing** 説得力のある
□ **ceiling** 天井
□ **client** クライアント
□ **seem** 〜のようだ
□ **satisfied** 満足した
□ **president** 社長

訳　プレゼンテーションはとても説得力がありましたよね。
(A) 天井はとても高いです。
(B) クライアントたちはとても満足していたようでした。
(C) 社長の新しいオフィスです。

🔊 64

13. Have you tried the new Chinese restaurant on the second floor?

(A) I've been to China twice.

(B) The elevator will be fixed.

(C) When did it open?

最初の文はYes/No疑問文です。新しい中華料理屋を試したか尋ねているのに対して、「いつそれ(＝中華料理屋)がオープンしたのか」という疑問文で返している(C)が正解です。(A)は最初の文と同じ現在完了形(have + 過去分詞)を使い、Chineseから連想されるChinaという語を使った引っかけです。(B)はsecond floor「2階」から連想されるelevatorを使った引っかけです。

正解（C）

□ twice 2回
□ fix 雇う 類 repair

訳 2階の新しい中華料理屋を試してみましたか。
(A) 中国に2度行ったことがあります。
(B) エレベーターは修理されます。
(C) いつオープンしたのですか。

🔊 65

14. Are you meeting the client or having a video conference?

(A) Conference room E.

(B) Yes, of course.

(C) Tracey will pick him up today.

最初の文はA or Bの選択疑問文です。クライアントに会うのかビデオ会議をするのか尋ねているのに対して、「トレーシーが彼を迎えに行く」→「直接会う」と間接的に答えている(C)が正解です。(A)は最初の文に出てくる単語conferenceを使った引っかけです。(B)はA or Bの疑問文にYesで答えているので不正解です。

正解（C）

□ conference 会議
□ pick... up 車で〜を迎えに行く

訳 クライアントに会いますか、それともビデオ会議をしますか。
(A) 会議室Eです。
(B) はい、もちろんです。
(C) トレーシーが今日迎えに行きます。

15. I'd like you to fix a copy machine.

(A) Okay, which one?
(B) Coffee, please.
(C) I like it, too.

最初の文は依頼文です。コピー機を直してほしいというのに対して、「いいですよ。どれ (＝どのコピー機) ですか」と疑問文で返している (A) が正解です。(B) は copy と似た音の coffee を使った引っかけです。(C) は最初の文に出ている like という語を使った引っかけです。　正解（A）

□ **would like 人 to do** 人に〜してほしい
□ **copy machine** コピー機

> 訳　コピー機を直してほしいです。
> (A) いいですよ、どれですか。
> (B) コーヒーをお願いします。
> (C) 私もそれが好きです。

16. Did you prepare for the workshop yet?

(A) The technician repaired it.
(B) I still have so many things to handle.
(C) I don't know where to shop.

最初の文は Did から始まる Yes/No 疑問文です。ワークショップの準備をすでにしたか尋ねているのに対して、「まだやらなければならないことがたくさんある」→「まだ準備は終わっていない」と答えている (B) が正解です。(A) は prepare と似た音の repair を使った頻出の引っかけです。(C) は workshop と似た音の shop を使った引っかけです。　正解（B）

□ **prepare for...** 〜のための準備をする
□ **yet** すでに（疑問文で）
□ **technician** 技術者
□ **repair** 修理する
□ **still** まだ
□ **handle** 扱う
□ **shop** 買い物をする

> 訳　ワークショップの準備をすでにしましたか。
> (A) 技術者がそれを直しました。
> (B) まだ多くのことをやらなければなりません。
> (C) どこで買い物をすればいいかわかりません。

🔊 68

17. My train is behind schedule.

(A) Some trainers have been hired.

(B) He's standing behind the counter.

(C) Actually, our meeting has been canceled.

最初の文は平叙文です。電車が遅れていると述べているのに対して、「会議は中止になった」→「遅れても大丈夫だ」と婉曲的に答えている(C)が正解です。(A)はtrainと音の似たtrainerを使った引っかけです。(B)は最初の文に出てきたbehindを使った引っかけです。　正解（C）

□ **behind schedule** 遅れていて
□ **trainer** トレーナー
□ **hire** 雇う 類 **employ**
□ **behind** 〜の後ろに
□ **actually** 実は

> 訳　私の電車は遅れています。
> (A) 何人かのトレーナーが雇われました。
> (B) 彼はカウンターの後ろに立っています。
> (C) 実は、会議は中止になりました。

🔊 69

18. How do you like this color for your shirt?

(A) Do you have other options?

(B) No, I don't want them.

(C) Too much laundry.

最初の文はHowのWH疑問文です。シャツにこの色はどうかと尋ねているのに対して、「別の選択肢(＝色のもの)はあるか」と疑問文で返している(A)が正解です。服にネクタイのようなものを合わせている場面だとわからなければならない問題です。How do you likeは「〜はどうですか」という意味なので要注意です。(B)はWH疑問文にNoで答えているため不正解です。(C)はshirt「シャツ」から連想されるlaundry「洗濯物」を使った引っかけです。　正解（A）

□ **How do you like...?** 〜はどうですか
□ **option** 選択肢
□ **laundry** 洗濯物

> 訳　シャツにこの色はどうですか。
> (A) 他の選択肢はありますか。
> (B) いいえ、それらは欲しくありません。
> (C) 洗濯物が多すぎます。

19. Haven't you conducted the product testing?

(A) No, it doesn't.

(B) The date hasn't been decided yet.

(C) Text messaging.

　最初の文はHaven'tから始まる否定疑問文です。製品検査を行ったよねと確認しているのに対して、「その日程(＝検査の日)はまだ決まっていない」と答えている(B)が正解です。(A)はdoesn'tを使っており時制が合っていないため不正解です。(C)はtestと音の似たtextを使った引っかけです。　正解（B）

□ **conduct** 行う

□ **product** 製品

□ **decide** 決める

□ **text messaging** テキストメッセージ

訳　製品検査を行いましたよね。
(A) いいえ、それは違います。
(B) その日程はまだ決まっていません。
(C) テキストメッセージです。

20. Please familiarize yourself with this computer program.

(A) I don't like this TV program.

(B) I've used it before.

(C) My family moved to Canada.

　最初の文はPleaseから始まる命令文です。コンピュータプログラムを熟知しておくよう頼んでいるのに対して、「以前使っていた」→「すでに知っている」と婉曲的に答えている(B)が正解です。(A)は同音のprogramを使った引っかけです。(C)はfamiliarizeと似た音のfamilyを使った引っかけです。　正解（B）

□ **familiarize A with B** AをBに慣れさせる

□ **program** プログラム・番組

訳　このコンピュータプログラムについて熟知しておいてください。
(A) このテレビ番組は好きではありません。
(B) それを前に使ったことがあります。
(C) 私の家族はカナダに引っ越しました。

🔊 72

21. What type of apartment are you looking for?

(A) Typing is better.
(B) I want a studio.
(C) Susan looked fine.

　質問はWhatのWH疑問文です。どんなアパートを探しているのか尋ねているのに対して、「スタジオタイプが欲しい」と答えている(B)が正解です。スタジオタイプの部屋とは仕切りのない空間にベッドとリビングルームがある間取りのことです。(A)はtypeと音の似たtypingを使った引っかけです。(C)は最初の文にもあるlookを使った引っかけです。　正解（B）

□ **look for...** ～を探す
□ **typing** タイピング
□ **studio** スタジオタイプの部屋
□ **look ＋形容詞** ～のように見える
□ **fine** 元気な、大丈夫な

訳　どんなアパートをお探しですか。
(A) タイピングのほうがいいです。
(B) スタジオタイプが欲しいです。
(C) スーザンは大丈夫なように見えます。

🔊 73

22. Who will be leading the seminar?

(A) Mr. Kim is reading a magazine.
(B) A large audience.
(C) The name is posted on the board.

　最初の文はWhoのWH疑問文です。誰がセミナーを主催するのか尋ねているのに対して、「(主催者の)名前は掲示板に貼ってある」と答えている(C)が正解です。will be doingは未来の予定を表す時によく使われる形です。(A)はWhoに対して人名を使い、leadと似た音のreadを使った引っかけです。(B)はseminarから連想されるaudienceを使った引っかけです。large audienceは聴衆の数が多いこと、small audienceは聴衆の数が少ないことを表します。　正解（C）

□ **lead** 主導する
□ **seminar** セミナー
□ **audience** 聴衆
□ **post** 張り出す
□ **board** 掲示板 ＝ **bulletin board**

訳　誰がセミナーを主催するのですか。
(A) キムさんは雑誌を読んでいます。
(B) 多くの聴衆です。
(C) 名前は掲示板に貼り出されています。

23. Should we take a taxi or a train?

(A) There should be heavy traffic this time of the day.
(B) I'll take some.
(C) Both of them were happy.

　最初の文はA or Bの選択疑問文です。タクシーか電車どちらに乗るべきか尋ねているのに対して、「交通量が多い」→「タクシーは時間がかかるから電車で行くべき」と婉曲的に答えている(A)が正解です。交通量が多い場合はheavy traffic、少ない場合はlight trafficと言います。(B)は同じtakeを使った引っかけです。しかしsomeではタクシーなのか電車なのかわからないので正解にはなりません。(C)は選択疑問文に対してboth「両方」を使った引っかけです。今回はhappyが来ていることから「人」を表していることがわかります。

正解（A）

□ **traffic** 交通量

| 訳 | 私たちはタクシーに乗って行くべきですか、それとも電車で行くべきですか。
(A) この時間帯は交通量が多いはずです。
(B) いくつかもらいます。
(C) どちらも幸せそうでした。 |

24. Would you like to join the business trip to the New York branch?

(A) I went to the ranch.
(B) A flight to California.
(C) Sure. When is it?

　最初の文はWould you like to...?「〜したいですか」の提案文です。出張に加わりたいか尋ねているのに対して、「もちろんです。いつですか」と疑問文で返している(C)が正解です。(A)はbranch「支社」と音の似たranch「農場」を使った引っかけです。(B)はbusiness trip「出張」から連想されるflightを使い、最初の文と同じくアメリカの都市名を使った引っかけです。　正解（C）

□ **Would you like to...?**
　〜したいですか
□ **business trip** 出張
□ **branch** 支社、
支店

| 訳 | ニューヨーク支社への出張に加わりたいですか。
(A) 農場に行きました。
(B) カリフォルニアへの便です。
(C) もちろんです。いつですか。 |

🔊 76

25. You're coming to the employee award ceremony, aren't you?

(A) There was a warning.

(B) Yes, I'm looking forward to it.

(C) Joshua did.

　最初の文はaren't youで終わる付加疑問文です。社員表彰式に来ますよねと確認しているのに対して、「はい、それ(=社員表彰式)を楽しみにしている」と答えている(B)が正解です。(A)はaward「賞」と音の似たwarning「警告」を使った引っかけです。(C)は人も時制も合っていません。　正解（B）

□ **award** 賞
□ **ceremony** 式典
□ **warning** 警告
□ **look forward to...** 〜を楽しみにする

> 訳　社員表彰式に来ますよね。
> (A) 警告がありました。
> (B) はい、楽しみにしています。
> (C) ジョシュアがやりました。

🔊 77

26. The focus group will be held on April 10th.

(A) When was the party?

(B) Linda is focusing the camera.

(C) I'll be on vacation.

　最初の文は平叙文です。フォーカスグループが4月10日に開かれると述べているのに対して、「休暇中です」→「出席できない」と間接的に答えている(C)が正解です。フォーカスグループは複数の人がある商品やサービスに対して意見や感想を述べるマーケティング手法のことです。(A)はパーティーのことは述べていませんし時制も合っていないので不正解です。(B)は最初の文に出てくるfocusを使った引っかけです。

正解（C）

□ **focus group** フォーカスグループ
□ **be held** 行われる
□ **focus** 焦点を合わせる
□ **on vacation** 休暇中で

> 訳　フォーカスグループが4月10日に開かれます。
> (A) パーティーはいつでしたか。
> (B) リンダはカメラのピントを合わせています。
> (C) 私は休暇中です。

PART 5
短文穴埋め問題

PART 5
短文穴埋め問題と解き方

設問数 30問 所要時間 READING TEST 75分の一部

　不完全な文を完成させるために、4つの選択肢の中から最も適切に描写しているものを選ぶ問題です。

READING TEST

In the Reading test, you will read a variety of texts and answer several different types of reading comprehension questions. The entire Reading test will last 75 minutes. There are three parts, and directions are given for each part. You are encouraged to answer as many questions as possible within the time allowed.
You must mark your answers on the separate answer sheet. Do not write your answers in your test book.

PART 5

Directions : A word or phrase is missing in each of the sentences below. Four answer choices are given below each sentence. Select the best answer to complete the sentence. Then mark the letter (A), (B), (C), or (D) on your answer sheet.

問題数が多くかつ簡単なのは「品詞・語形」の問題です。

品詞・語形問題①

　Part 5は単文の穴埋め問題です。1文中に空所が1つあり、文法上・意味上正しいものを4つの選択肢の中から選ぶ問題です。問題数は30問で、1問あたり20秒平均で解答を目指します。つまり全体で10分です。ただし、それぞれの問題で20秒という意味ではなく、5秒で解くべき問題もあれば、30秒かかる問題もあります。あくまで全体での目標です。

　Part 5で大事なのは、いかに速く正確に多くの問題を解くかです。その中で問題数が多くかつ簡単な問題が「品詞・語形」問題です。選択肢には似たような単語が並びますが、品詞や動詞の形(過去形、-ing形など)が違います。これは**品詞の役割とその品詞が文中のどの位置に入るのかを覚えてしまえば簡単に正解できます。**では例題を見てみましょう。

Mr. Wilson's speech made a deep ------- on the audience of the annual meeting.

(A) impress
(B) impression
(C) impressive
(D) impressively

(ウィルソンさんのスピーチは年次会議の聴衆に深い感動を与えた。)

Ⓐ Ⓑ Ⓒ Ⓓ

　一見するとレベルが高いようにも見えますが、答えに関連しているところさえ見抜けてしまえば正解を出すことができます。まず選択肢にはimpress「感銘を与える」の様々な品詞が並んでいます。それぞれの品詞を確認します。

(A) impress ………………… 動詞
(B) impression …………… 名詞
(C) impressive ………… 形容詞
(D) impressively ………… 副詞

なぜ品詞がわかったのか？　それは-ionで終わるものは「名詞」、-iveで終わるものは「形容詞」、形容詞に-lyがくっついたものは「副詞」だからです。続いて問題文の空所付近を見ます。するとaという冠詞とdeepという形容詞があることに気がつきます。aの後ろには必ず名詞が来るはずなのに空所の後ろにはonという前置詞が来ています。したがって、空所には「名詞」が入るとわかります。よって、文章の意味がわからなくても(B) impression「感銘・印象」を選ぶことができます。このように、単語の語尾から品詞を判断し、その品詞の入る位置を覚えておけば単語の意味がわからなくても正解することができます。

まずは、品詞の語尾と品詞がどのような役割をしてどういった位置に入るか覚えましょう。

1語の形容詞は前から名詞を修飾するので、このdeepは後ろのimpressionを修飾しています。　正解（B）

出題語彙

□ make a ... impression
　　〜な印象を与える
□ audience 聴衆
□ annual 年に1度の
□ impress 感銘を与える
□ impression 印象・感銘
□ impressive 素晴らしい
□ impressively 素晴らしく

訳　ウィルソンさんのスピーチは年次会議の聴衆に深い感動を与えた。
(A) 感銘を与える
(B) 印象、感銘
(C) 素晴らしい
(D) 素晴らしく

▶ 有名な前置詞は必ず覚えておきましょう

・instead of... 〜ではなく・〜の代わりに

Instead of going to the gym, Ken decided to watch a movie.　ケンはジムに行くのではなく映画を見ることに決めた。

・according to... 〜によると　※「〜に応じて」という意味もあります。

According to the weather forecast, it will rain tomorrow.
天気予報によると明日は雨が降るらしい。

- due to... 〜が原因で

  Due to the bad weather, the concert has been postponed.
  悪天候が原因で、コンサートは延期になった。

- because of... 〜が原因で

  Because of his injury, he couldn't perform at his best.
  怪我が原因で最善の状態で行うことができなかった。

- in addition to... 〜に加えて

  In addition to copy paper, we should order more office supplies. コピー用紙に加えて、もっとオフィス用品を注文すべきだ。

- on behalf of... 〜を代表して

  On behalf of the whole staff, we would like to welcome you to our new headquarters.
  スタッフ一同を代表して、あなたを新しい本社へ歓迎したいと思います。

- despite/in spite of... 〜だが

  Despite the bad condition, we are still optimistic.
  状況は良くないが、私たちはまだ楽観している。

- regarding/concerning/in regard to/with regard to... 〜に関して

  Regarding the matter, please contact us immediately.
  その件に関して、すぐに私たちに連絡してください。

- in terms of... 〜の点で

  In terms of design, this furniture is quite innovative.
  デザインの点で、この家具はとても革新的だ。

- considering/given 〜を考慮して

  Considering the sales figures, we should add more staff.
  売上高を考慮すると、もっと人を雇うべきだ。

- regardless of ... 〜に関係なく

  Regardless of experience, we want a candidate with enthusiasm. 経験に関係なく、やる気のある求職者が欲しい。

Point 1 | 品詞・語形問題①

品詞語尾などで品詞を特定しよう　選択肢に同じ品詞が複数ある場合もあるので注意する

例題と解法

― 例1 ―

Mr. Smith opened his second ------- in Vancouver three months ago.

(A) shopping
(B) shopper
(C) shop
(D) shopped

（スミスさんは3カ月前にバンクーバーに2店目をオープンした。）

Ⓐ Ⓑ Ⓒ Ⓓ

　選択肢にはshopの様々な形が並んでいます。shopは名詞で「店」、動詞で「買い物をする」という意味です。shoppingは「買い物」、もしくは動詞の-ing形です。shopperは「買い物客」という意味の名詞、shoppedは動詞の-ed形です。空所の前にはhis「彼の」という所有格があるので後ろに名詞が来るはずです。しかし直後にはsecond「2番目の」という形容詞があるので、空所には所有格の後ろに来て形容詞が修飾する名詞が入るはずです。さらに動詞はopened「開いた」なのでshop「店」が正解です。このように選択肢に同じ品詞が複数ある場合もあるので要注意です。　正解（C）

訳 スミスさんは３カ月前にバンクー
バーに２店目をオープンした。
(A) 買い物
(B) 買い物客
(C) 店
(D)shop の -ed 形

もう１つ例を見ていきましょう。

--- 例2 ---

The Anderson Almanac is a ------- guide to local national parks.

(A) comprehensively
(B) comprehend
(C) comprehension
(D) comprehensive

（アンダーソン・アルマナックは、地元の国立公園を網羅したガイドです。）

Ⓐ Ⓑ Ⓒ Ⓓ

　空所には動詞comprehend「理解する」の様々な形が並んでいます。comprehensively「包括的に」は副詞、comprehension「理解」は名詞、comprehensive「包括的な」は形容詞です。空所の前には冠詞のa、後ろにはguide「ガイド」という名詞があります。よって、前から名詞を修飾する形容詞のcomprehensiveが正解です。　正解（D）

出題語彙
□ **guide** ガイド・ガイドする
□ **local** 地元の
□ **national** 国立の
□ **comprehensive** 包括的な
　類 extensive

訳 アンダーソン・アルマナックは、地元の国立公園を網羅したガイドです。
(A) 包括的に
(B) 理解する
(C) 理解
(D) 包括的な

▶ 品詞語尾

有名な品詞語尾は必ず押さえておきましょう。

品詞を特定するのに役立つのが、品詞語尾です。これを知っておけば
知らない単語が出てきても何なのか推測することが可能です。

名詞		
-ance, -ence	□ importance 重要性	□ experience 経験
-ant, -ent	□ applicant 応募者	□ agent 仲介者
-er, -or	□ employer 雇い主	□ actor 俳優
-ist	□ pianist ピアニスト	
-ity	□ priority 優先	
-ion	□ communication コミュニケーション	
-ment	□ appointment 約束	
-ness	□ happiness 幸せ	
-cy	□ accuracy 正確さ	
動詞		
-ate	□ communicate コミュニケートする	
-en	□ broaden 広げる	
-ify	□ notify 気づかせる	
-ize	□ prioritize 優先する	
形容詞語尾		
-able -ible	□ applicable 応用できる	□ possible 可能な
-al	□ financial 財政の	
-ful	□ successful 成功した	
-ive	□ positive 積極的な	
-ous	□ dangerous 危険	

[練習問題]

1. Renters of the apartment complex need to pay a ------- security deposit before they move in.

(A) refund
(B) refunding
(C) refundable
(D) refunds

Ⓐ Ⓑ Ⓒ Ⓓ

---

2. Taylor Toys, Inc., has made contracts with several ------- in Southeast Asia.

(A) manufacture
(B) manufacturing
(C) manufacturer
(D) manufacturers

Ⓐ Ⓑ Ⓒ Ⓓ

[練習問題の解答解説]

1. Renters of the apartment complex need to pay a
_{冠詞}

<u>refundable</u> <u>security deposit</u> before they move in.
　形容詞　　　　　　名詞

(A) refund
(B) refunding
(C) refundable
(D) refunds

　選択肢はrefundの様々な形が並んでいます。refundは名詞で「返金」、動詞で「返金する」という意味です。refundingは動詞の-ing形、refundable「返金可能な」は形容詞、refundsは名詞の複数形か動詞の三人称単数形です。空所の前にはa、後ろにはsecurity deposit「敷金」という名詞があります。よってこの名詞を修飾する形容詞のrefundableが正解です。　**正解（C）**

□ **apartment complex** 集合住宅
□ **pay** 払う
□ **security deposit** 敷金
□ **move in** 引っ越してくる
□ **refund** 返金・返金する
□ **refundable** 返金可能な

> **訳** 集合住宅の賃借人は、払い戻し可能な敷金を入居前に支払う必要があります。
> (A) 返金
> (B) 「返金する」の-ing形
> (C) 返金可能な
> (D) 「返金」の複数形か「返金する」の三人称単数

2. Taylor Toys, Inc., has made contracts with

several **manufacturers** in Southeast Asia.
‾‾‾‾‾‾ ‾‾‾‾‾‾‾‾‾‾‾‾‾
いくつかの　　　　複数形

(A) manufacture
(B) manufacturing
(C) manufacturer
(D) manufacturers

　選択肢には動詞manufacture「製造する」の様々な形が並んでいます。
manufacturingはその-ing形、manufacturerは「メーカー」という名詞、
manufacturersはその複数形です。空所の前にはseveral「いくつかの」という
形容詞があります。この語の後ろには名詞の複数形が来るのでmanufacturers
が正解です。単数形や複数形は意識を払わなければならないポイントです。

正解（D）

□**make a contract with...** 〜と契約する
□**several** いくつかの
□**manufacture** 製造する
□**manufacturer** メーカー

訳　テイラー・トイズ社は東南アジア
のメーカー数社と契約を結んだ。
(A) 製造する
(B) 「製造する」の-ing形
(C) メーカー
(D) メーカーの複数形

Point 2 | 品詞・語形問題②

名詞・形容詞・副詞の役割を確認する

例題と解法

例1

Due to the strong demand for housing, the stock price of Martinez Lumber increased ------.

(A) dramatically
(B) dramatic
(C) dramas
(D) drama

（住宅の需要が高まっているため、マルティネス・ランバーの株は急騰した。）

Ⓐ Ⓑ Ⓒ Ⓓ

　今回はまず名詞・形容詞・副詞の役割を確認しましょう。

　名詞は文中の主語・補語・目的語になります。

　選択肢にはdramaの様々な形が並んでいます。dramatically「劇的に」は副詞、dramatic「劇的な」は形容詞、drama「劇」は名詞、dramasはその複数形です。主語はstock price「株価」、動詞はincreasedです。よって、ここに動詞を修飾する副詞のdramatically「劇的に」を入れれば「株価が劇的に上がった」となり、文法上・意味上適切な形ができ上がります。名詞のdramasを入れてしまうと「株価が劇を上げた」という謎の文ができ上がってしまいます。　正解（A）

□**due to...** 〜が原因で
🔄**because of**
□**demand** 需要
□**housing** 住宅
□**stock** 株
□**price** 値段

訳 住宅の需要が高まっているため、マルティネス・ランバーの株は急騰した。
(A) 劇的に
(B) 劇的な
(C) 「劇」の複数形
(D) 劇

もう1つ例を見ていきましょう。

--- 例2 ---

Customers who bought the Barnes VX tablet computer complained that its battery life is much ------ than they expected.

(A) short
(B) shortest
(C) shorter
(D) shorten

(バーナーズ VX タブレットを購入した客がバッテリーの寿命が期待していたのより短すぎると不満を述べた。)

Ⓐ Ⓑ Ⓒ Ⓓ

　選択肢にはshortの様々な形が並んでいます。short「短い」は形容詞、shortestはその最上級、shorterはその比較級、shortenは「短くする」は動詞です。空所の後ろにはthanがあるので比較級が入ります。よってshorter「より短い」が正解です。 正解（C）

例2 出題語彙

□ **tablet** タブレット
□ **complain** 不平を言う
□ **life** 寿命
□ **expect** 期待する期

訳 バーナーズ VX タブレットを購入した客がバッテリーの寿命が期待していたのより短すぎると不満を述べた。
(A) 短い
(B) 「短い」の最上級
(C) 「短い」の比較級
(D) 短くする

▶ 名詞・形容詞・副詞の役割

Smith opened the door. スミスはドアを開けた

この文ではSmithが主語、doorが目的語になります。

Smith is a guide. スミスはガイドだ

この文ではSmithが主語、guideが補語になります。

主語＝補語　主語≠目的語　という関係が成り立つことを覚えておきましょう。

形容詞は名詞を修飾するか補語になります。

an interesting story 面白い話
→storyという名詞を修飾している

The story is interesting. その話は面白い。
→補語になり文の述語の役割をしている

名詞以外を修飾するのが副詞です。

very interesting とても面白い
→副詞veryが形容詞interestingを修飾

Smith runs fast. スミスは速く走る。
→副詞fastが動詞runsを修飾

▶ 比較・最上級

John is the tallest of all the employees in this office.
ジョンはこのオフィスの全社員の中で一番背が高い。

ofの後ろには比べる相手、in の後ろには場所やグループが来ます。
ofのかたまりが前に来ることもあるので注意です。

Of all the employees, John is the most diligent.
全社員の中で、ジョンが一番勤勉です。

[練習問題]

1. The light bulb from Peter's Interiors can be installed ------- than the old one.

(A) easy
(B) easiest
(C) more easily
(D) most easily

Ⓐ Ⓑ Ⓒ Ⓓ

---

2. Johnson Homes competed ------- with Seattle Builders for the construction project.

(A) succeed
(B) successful
(C) successfully
(D) success

Ⓐ Ⓑ Ⓒ Ⓓ

[練習問題の解答解説]

1. The light bulb from Peter's Interiors can be

installed more <u>easily</u> **than** the old one.

形容詞｜

比較級の印「より〜」

(A) easy
(B) easiest
(C) more easily
(D) most easily

　選択肢にはeasyの様々な形が並んでいます。easy「簡単な」は形容詞、easiestはその最上級、(C)はeasily「簡単に」の比較級、(D)は最上級です。空所の後ろにはthan「〜より」があるので、この語と共に使うのは比較級です。よってmore easilyが正解です。このように形容詞や副詞には比較級(より〜)や最上級（最も〜）という形があります。ただ今回のthanのようにその形を取るヒントがあるのでそんなに難しくはありません。　正解（C）

□ **light bulb** 電球
□ **install** 取りつける

> **訳** ピーターズ・インテリアズの電球は古いものより簡単に取りつけできる。
> (A) 簡単な
> (B) 「簡単な」の最上級
> (C) 「簡単に」の比較級
> (D) 「簡単に」の最上級

compete with... 「〜と競う」

動詞	副詞	前置詞

2. Johnson Homes <u>competed</u> successfully <u>with</u> Seattle

Builders for the construction project.

(A) succeed
(B) successful
(C) successfully
(D) success

選択肢にはsucceedの様々な形が並んでいます。succeed「成功する」は動詞、successful「成功した」は形容詞、successfully「成功して」は副詞、success「成功」は名詞です。空所はcompete with...「〜と競う」の間にあります。ここに副詞のsuccessfullyを入れれば、compete successfully with...「〜とうまく競う」→「競って成功する」という文法上・意味上正しい形ができ上がります。このように動詞と前置詞の間に空欄があり、副詞を入れる問題も出題されます。

正解（C）

□ **focus on...** 〜に焦点を当てる
□ **focus mainly on...** 主に〜に焦点を当てる

> 訳 ジョンソン・ホームズはその建設計画においてシアトル・ビルダーズと競合し成功を収めた。
> (A) 成功する
> (B) 成功した
> (C) 成功して
> (D) 成功

Point 3 | 前置詞 vs. 接続詞

空欄の後に来るのは名詞か、主語 + 動詞か

例題と解法

A package of factory uniforms will be delivered to the plant ------ 10:00 A.M. on April 2.

(A) while
(B) after
(C) because
(D) if

（工場服の小包は、4月2日の午前10時より後に工場に配達される。）

Ⓐ Ⓑ Ⓒ Ⓓ

　TOEICのPart 5に毎回登場する文法事項に前置詞なのか接続詞なのかを選ぶ問題があります。前置詞は名詞の前に置かれる詞で、接続詞は主語と動詞を接続する詞です。後ろにどちらの形が来ているか判断しましょう。

　選択肢には接続詞のwhile「〜の間に・〜だが」、前置詞と接続詞両方の役割を持つafter「〜の後に」、接続詞のbecause「〜なので」、接続詞のif「もし〜なら・〜かどうか」が並んでいます。空所の後ろには10:00 A.M.という名詞があるだけで主語＋動詞はありません。よって、ここには接続詞ではなく前置詞の役割を持つものが入るはずなので(B) afterが正解です。　　正解（B）

出題語彙

□ package 小包
□ factory 工場 **類** plant
□ deliver 配達する

訳 工場服の小包は、4月2日の午前10時より後に工場に配達される。
(A) ～の間に・～だが　　(C) ～なので
(B) ～の後に　　　　　 (D) もし～なら・
　　　　　　　　　　　　　 ～かどうか

　このように1つだけ違う品詞の仲間はずれが正解になることはよくあります。接続詞が入る場合は、

< Because the weather was bad > , we went home.

　　接続詞　　　　主語＋動詞　　　　　　　　主語＋動詞

We went home < because the weather was bad > .

　主語＋動詞　　　　接続詞　　　　主語＋動詞

天気が悪かったので私たちは家に帰った

の2つのパターンがあることを押さえておきましょう。

▶ 等位接続詞

　等位接続詞は同じ形を並べることができます。つまり主語＋動詞だけでなく同じ品詞・同じ形であれば様々なものを並べることができます。例えばMike and Johnは名詞を2つ並べています。

and そして　　　**or** または　　　**but** しかし　　　**yet** しかし

以下は接続詞として使われる場合、基本的には主語＋動詞を並べます。

so だから～　　　**for** ～なので

・so　だから～

Sales had decreased recently, so all employees went through training.
最近売上が下がったので、全社員はトレーニングを受けた。

119

・for　〜なので

All employees went through training, for sales had decreased recently.

全社員はトレーニングを受けた。なぜなら最近の売上が下がったからである。

▶ 覚えておくべき前置詞・接続詞

	接続詞	前置詞
□ as	〜するとき、〜なので	〜として
□ since	〜なので、〜から	〜から
□ until	〜してまでずっと	〜までずっと
□ before	〜する前	〜の前
□ after	〜する後	〜の後
□ while	〜する間、〜だが	
□ so that	〜するために	

▶ 覚えておくべき前置詞

□ instead of...　〜ではなく、〜の代わりに

□ according to...　〜によると

□ due to... ／ □ because of...　〜が原因で

□ in addition to...　〜に加えて

□ on behalf of...　〜を代表して

□ despite ／ □ in spite of...　〜だが

□ regarding... ／ □ concerning... ／ □ in regard to... ／
□ with regard to...　〜に関して

□ in terms of...　〜の点で

□ considering ／ □ given　〜を考慮して

□ regardless of ...　〜に関係なく

[練習問題]

1. Vendors must submit their application to the city council one month ------- the next local festival..

(A) whereas
(B) in advance
(C) well
(D) prior to

---

2. ------- Lewis Accounting has renovated its parking lot, more employees are able to park their vehicles.

(A) Therefore
(B) Besides
(C) Even so
(D) Now that

[練習問題の解答解説]

1. Vendors must submit their application to the city

council one month <u>prior to</u> the next local <u>festival.</u>

　　　　　　　　　名詞の前に置かれる前置詞　　　　　　　　名詞

(A) whereas
(B) in advance
(C) well
(D) prior to

　選択肢には接続詞のwhereas「〜だが」、副詞句のin advance「あらかじめ」、副詞のwell「良く」、前置詞のprior to...「〜の前に」が並んでいます。空所の後ろにはthe...festivalという名詞があるだけなので、名詞の前に置かれる前置詞のprior toが正解です。このように2語以上で前置詞の働きをするものもTOEICには出題されます。また前置詞と接続詞だけでなく副詞も選択肢に並んでいることがよくあります。　　**正解（D）**

□ **vendor** 物売り、販売業者
□ **submit** 提出する
□ **application** 申込書
□ **city council** 市役所

訳　物売りは地元の祭りの1カ月前に申込書を市役所に提出しなければならない。
(A) 〜だが
(B) あらかじめ
(C) 良く
(D) 〜の前に

2. <u>Now that</u> <u>Lewis Accounting</u> <u>has renovated</u> its

     接続詞   主語   動詞

parking lot, more employees are able to park

their vehicles.

  (A) Therefore
  (B) Besides
  (C) Even so
  (D) Now that

　選択肢には副詞のtherefore「それゆえに」、副詞と前置詞の役割を持つbesides「その上、～に加えて」、副詞の役割をするeven so「たとえそうであっても」、接続詞のnow that「今や～なので」が並んでいます。空所の後ろにはLewis Accounting has renovatedという主語＋動詞とemployees areという主語＋動詞が並んでいます。よって、ここには接続詞が入るので(D)が正解です。

正解（D）

□ **accounting** 経理
□ **renovate** 改装する
□ **parking lot**「駐車場」
□ **be able to do** ～できる
□ **park** 駐車する
□ **vehicle** 車両

> 訳　ルウィス・アカウンティングは駐車場を改装したので、より多くの社員が車を停めることができる。
> (A) それゆえに
> (B) その上、～に加えて
> (C) たとえそうであっても
> (D) 今や～なので

Point 4 | 代名詞（格、格以外）

それぞれの格の代名詞がどの位置に入るか覚える

例題と解法

例1

Paul Brown, manager of Cascade Furniture, visits
------ clients on a monthly basis.

(A) he
(B) his
(C) him
(D) himself

（カスケード・ファニチャーの経営者ポール・ブラウンは毎月クラ
イアントを自ら訪問する）

Ⓐ Ⓑ Ⓒ Ⓓ

　Part 5で最も簡単だと言われる文法事項に代名詞の格の問題がありま
す。いわゆる中学校で習うI my me mineなどです。それぞれの格の代
名詞がどの位置に入るか覚えてしまえば簡単に正解できます

　選択肢には代名詞の格が並んでいます。heは主格、hisは所有格、
himは目的格、himselfは再帰代名詞です。空所の後ろにはclientsとい
う名詞があります。よってこの名詞の前（冠詞と同じ位置）における所
有格のhisが正解です。　　正解（B）

例1 出題語彙

☐ **furniture** 家具

☐ **visit** 〜を訪れる

☐ **on a daily/weekly/ monthly basis** 毎日/週/月

訳 カスケード・ファニチャーの経営者ポール・ブラウンは毎月クライアントを自ら訪問する。

(A) he の主格

(B) he の所有格

(C) he の目的格

(D) he の再帰代名詞

例2

If------- want to attend the North Park Conference, it is best to buy the tickets in advance.

(A) you

(B) your

(C) yourself

(D) yours

（ノース・パーク・カンファレンスに出席したいのならば、あらかじめチケットを買っておくのが最善です。）

Ⓐ Ⓑ Ⓒ Ⓓ

　選択肢には様々な代名詞の格が並んでいます。youは主格か目的格、yourは所有格、yourselfは再帰代名詞、yoursは所有代名詞です。空所は動詞wantの前です。よって主語の役割をする主格のyouが正解です。yoursも主語になることはできますが、「あなたのものが出席したい」では意味が通らないので不正解です。　正解（A）

例2 出題語彙

☐ **attend** 出席する

☐ **in advance** あらかじめ

訳 ノース・パーク・カンファレンスに出席したいのならば、あらかじめチケットを買っておくのが最善だ。

(A)「あなた」の主格

(B)「あなた」の所有格

(C)「あなた」の再帰代名詞

(D)「あなた」の所有代名詞

▶格の区別

He looked at his brother. 彼は兄弟を見た。
　主格　　　　　所有格

She looked at him. 彼女は彼を見た。
　主格　　　　　目的格

Mr. Lee looked at himself... リーさんは自分を見た。
　　　　　　　　再帰代名詞

再帰代名詞は主語＝目的語の場合に使われます。

She likes her car, and he likes his.
　主格　　所有格　　　　　　主格　所有代名詞
彼女は彼女の車が好きだし、彼は彼のものが好きだ。

　所有代名詞hisはhis carを表しています。所有格と同じスペルなので厄介です。

▶代名詞の格変化

数	人称	主格 （～は）	所有格 （～の）	目的格 （～を、～に）	所有代名詞 （～のもの）	再帰代名詞 （～自身）
単数	1人称	I	my	me	mine	myself
	2人称	you	your	you	yours	yourself
	3人称	he	his	him	his	himself
		she	her	her	hers	herself
		it	its	it	-	itself
複数	1人称	we	our	us	ours	ourselves
	2人称	you	your	you	yours	yourselves
	3人称	they	their	them	theirs	themselves

[練習問題]

1. ------ who can speak multiple languages are encouraged to apply for the international sales position.

(A) Every
(B) Anyone
(C) Those
(D) Other

---

2. The marketing department needs to find someone ------- can fill in for Ms. Robson because she will retire this year.

(A) where
(B) whose
(C) who
(D) which

[練習問題の解答解説]

1.　<u>Those</u> who can speak multiple languages are
　　　　人を表す名詞　　　　　　　　　　　　　　　複数を導く be 動詞

encouraged to apply for the international sales

position.

- (A) Every
- (B) Anyone
- (C) Those
- (D) Other

　選択肢には代名詞的役割をするものが並んでいます。空所の後ろから関係代名詞whoのかたまりが修飾できるのは「人」を表す名詞や代名詞なのでanyoneかthoseに絞られます。every「すべての」とother「他の」は後ろにある名詞を修飾する役割を持ちます。全体の主語はareなので空欄に入る名詞は複数扱いになります。よって、複数名詞のthoseが正解です。those who...で「〜な人々」という意味になります。anyone「どんな人でも」は単数扱いです。　　正解（C）

Those (who...) are encouraged
　主語　　　　　　動詞

Anyone (who...) is encouraged
　主語　　　　　　動詞

こういった主語と動詞の呼応を問う問題はよく出題されます。

- □ **multiple** 複数の
- □ **language** 言語
- □ **encourage 人 to do** 人に〜するのを奨励する
- □ **apply for...** 〜に応募する
- □ **international** 海外の
- □ **position** 職

訳　複数の言語を話せる人は、海外営業職への応募を奨励されている。
(A)「あなた」の主格
(B)「あなた」の所有格
(C)「あなた」の再帰代名詞
(D)「あなた」の所有代名詞

2. The marketing department needs to find <u>someone</u>

主語の役割をすることができる／人を修飾できる　　　　　「人」である先行詞

↳ **who** can fill in for Ms. Robson because she will

　　　動詞

retire this year.

(A) where

(B) whose

(C) who

(D) which

　選択肢には関係詞が並んでいます。whereは関係副詞、whose, who, whichは関係代名詞です。空所の後ろにはcan fillと動詞があるので、これの主語の役割をすることのできる関係代名詞whoかwhichに絞られます。whoseは所有格なので後ろに名詞が必要です。空所の前にはsomeoneという人が来ているので、人を修飾できるwhoが正解です。whichは人以外のものを修飾します。

　修飾する相手のことを先行詞といい、関係詞を選択する場合は先行詞が「人」なのか「モノ」なのかを判断する必要があります。　　　正解 (C)

	先行詞	かたまりの中での役割
who	人	主語・(目的語)
which	モノ	主語・目的語
that	人・モノ	主語・目的語
whose	人・モノ	所有格[theと同じ位置]
where	場所	副詞
when	時	副詞

☐ **marketing** マーケティング

☐ **department** 部署

☐ **fill in for...** 〜を埋める

☐ **retire** 退職する

訳 ロブソンさんは今年退職するので、マーケティング部は彼女の穴を埋めてくれる人を探す必要がある。
(A) 関係副詞の where
(B) 関係代名詞の whose
(C) 関係代名詞の who
(D) 関係代名詞の which

Point 5 | 数量詞と相関接続詞

数量詞はその後の単数形、複数形を意識する
相関接続詞は both A and B などのセットで覚える

例題と解法

Jackson Clothing will exchange ------ item that is returned along with a receipt.

(A) these

(B) few

(C) any

(D) most

（ジャクソン・クロージングはレシートと共に返品された商品は交換してくれる。）

Ⓐ Ⓑ Ⓒ Ⓓ

　Part 5には数や量を表すものが多く出題されます。代名詞とも関連するところなのですが、様々なものが出題されるのでぜひ覚えておきましょう。また最近は出題が減った相関接続詞というものもここで学習しましょう。

　選択肢には代名詞や数量詞が並んでいます。空所の後にはitemという単数名詞があります。単数名詞を修飾できるのはany「どんな～でも」だけです。these「これらの」、few「ほとんどない～」、most「ほとんどの」の後には複数形の名詞が来ます。このように後ろに単数形の名詞が来るのか複数形の名詞が来るのかというのは意識しておかないといけません。またanyとmostは後ろに数えることのできない不可算名詞も置くことができます。　正解（C）

▶ 接続詞と前置詞

・**as** 接続詞 ～するとき、～なので

It started to rain as Jack left home. ジャックが家を出た時、雨が降り始めた。

・**as** 前置詞 ～として

Jack works as an engineer. ジャックはエンジニアとして働いている。

・**since** 接続詞 ～なので、～から

Jack has been learning violin since he was a child.
ジャックは子どもの時からバイオリンを習っている。

・**since** 前置詞 ～から

The company has been performing well since 2013.
その会社は 2013 年からうまく行っている。

・**until** 接続詞 ～してまでずっと

John cannot work at home until he receives a new computer. ジョンは新しいコンピュータを受け取るまで家では働けない。

・**until** 前置詞 ～までずっと

The party will last until 9 P.M. パーティーは午後 9 時まで続いた。

・**before** 接続詞 ～する前

A repairperson will call Karen before he visits her home.
修理士が彼女の家を訪問する前にカレンに電話をする。

・before　前置詞　〜の前

Jack prepared his speech before the conference.
ジャックは会議の前にスピーチを準備した。

・after　接続詞　〜する後

The event started after everyone had arrived.
皆が到着した後でイベントが始まった。

・after　接続詞　〜する後

We will change our marketing strategy after this quarter.
この四半期後に私たちはマーケティング戦略を変更する。

・after　前置詞　〜の後

We will change our marketing strategy after this quarter.
この四半期後に私たちはマーケティング戦略を変更する。

・while　〜する間、〜だが

Jack was talking on the phone while Kate cooked dinner.
ケイトが夕食を作っている間ジャックは電話をしていた。

Jack was cleaning while talking on the phone.
ジャックは電話をしながら掃除をしていた。

while はこのように後ろに doing を取ることもできます。

Some people prefer the beach, while others prefer the mountains.　ビーチを好む人もいれば、山を好む人もいる。

対比の意味のはwhileはwhereasに言い換えられます。

・so that...　〜するために

Karen explained carefully so that new recruits could understand correctly.
新入社員たちが正しく理解できるように、カレンは慎重に説明した。

[練習問題]

1. Locals who are planning to attend the summer fair concert must send an application to ------- Mr. Larson or Ms. Bullard.

(A) either

(B) not only

(C) between

(D) both

Ⓐ Ⓑ Ⓒ Ⓓ

2. Ms. Turner will order tablet computers for ------- employees to improve work efficiency.

(A) that

(B) every

(C) each

(D) all

Ⓐ Ⓑ Ⓒ Ⓓ

[練習問題の解答解説]

1. Locals who are planning to attend the summer fair

concert must send an application to <u>either</u> Mr.

<u>Larson or</u> Ms. Bullard.

(A) either
(B) not only
(C) between
(D) both

　選択肢にはある接続詞とセットで使われることの多い表現が並んでいます。空所の後ろにはA or Bの形があります。この形を取るのはeither A or B「AかBか」のeitherが正解です。こういったセットで使われる表現をまとめたので以下のものを覚えておきましょう。　　**正解（A）**

相関接続詞	
both A and B	AもBも
either A or B	AかBか
neither A nor B	AもBも〜ない
その他出題されるもの	
not only A but also B	AだけでなくBもまた
not only A but B as well	AだけでなくBもまた
between A and B	AとBの間に
whether A or B	AかBかどうか、AだろうがBだろうが

□ plan to do 〜する予定だ　　□ application 申込書

> **訳** サマー・フェア・コンサートに参加予定の地元住民はラーソンさんかブラードさんに申込書を送らなければならない。
> (A) AかBか（either A or B）
>
> (B) AだけでなくBもまた（not only A but B as well）
> (C) AとBの間に（between A and B）
> (D) AもBも（both A and B）

2. Ms. Turner will order tablet computers for all

複数形の名詞を後ろに取る数量詞「すべての」

employees to improve work efficiency.

複数形の名詞

(A) that
(B) every
(C) each
(D) all

　選択肢には代名詞や数量詞が並んでいます。空所の後ろにはemployeesという複数形の名詞がいます。選択肢の中で複数形の名詞を後ろに取れるのはall「すべての」だけです。that「その」、every「すべての」、each「各々の」は単数名詞を後ろに取ります。ただし、allは不可算名詞も後ろに取ることができます。

正解（D）

□ **all information** すべての情報
□ **order** 注文する
□ **tablet computer** タブレット
□ **improve** 向上させる
□ **efficiency** 効率

訳　ターナーさんは全職員が作業効率を上げられるようタブレットを注文する。
(A) その
(B) すべての
(C) 各々の
(D) すべての

Point 6 | 時制と態

時制は時制を表す印を探す
態は主語との関係で能動態か受動態を見極める

例題と解法

--- 例1 ---

Walton City ------ the annual regional fishermen's gathering last year.

(A) host
(B) hosted
(C) will host
(D) is hosting

（ウォルトン・シティーは昨年、年次の地元漁民の集いを開催した。） Ⓐ Ⓑ Ⓒ Ⓓ

TOEICに出題される文法で重要なものに時制と態があります。時制の問題はその形になる理由があるはずなので、その印を探します。態の問題は能動態か受動態かを選択する問題です。

選択肢にはhost「催す」の様々な時制が並んでいます。hostは原形・現在形、hostedは過去形、will hostは未来形、is hostingは現在進行形です。文の最後にはlast year「昨年」という過去の印があるのでhostedが正解です。このように印を見つけられれば解ける問題が多いです。　正解（B）

（例1 出題語彙）

□ annual 年次の
□ regional 地元の
□ fisherman 漁師
□ gathering 集い

訳 ウォルトン・シティーは昨年、年次の地元漁民の集いを開催した。
(A)「催す」の原形・現在形
(B)「催す」の過去形
(C)「催す」の未来形
(D)「催す」の現在進行形

もう1つ例を見ていきましょう。

例2

The Thunder Hill hiking tour ------ until April 10 due to the inclement weather.

(A) has been postponed
(B) were postponed
(C) is postponing
(D) has postponed

（サンダー・ヒルのハイキングツアーは悪天候により4月10日に延期された。）

Ⓐ Ⓑ Ⓒ Ⓓ

　選択肢にはpostpone「延期する」の様々な時制や態が並んでいます。has been postponedは現在完了形の受動態、were postponedは過去形の受動態、is postponingは現在進行形、has postponedは現在完了形です。主語はハイキングツアーで「延期される」側なので(A)か(B)に絞られます。主語はtourという三人称単数の名詞なのでhas been postponedが正解です。wereは複数形の名詞を主語に取ります。be postponed until...「〜まで延期される」はよく出題される表現なので覚えておきましょう。　正解（A）

例2 出題語彙

□ due to... 〜が原因で
□ inclement 悪い

訳 サンダー・ヒルのハイキングツアーは悪天候により4月10日に延期された。
(A)「延期する」の現在完了形の受動態
(B)「延期する」の過去形の受動態
(C)「延期する」の現在進行形
(D)「延期する」の現在完了形

▶時制　仮定法

　仮定法は現実には起こらないことや起こる可能性が低い時に使われる形です。

・仮定法過去（現在・未来のことを表す）

If the quality of our products improved greatly, we would gain more market share.

もし製品の質がずっと良くなれば、私たちはもっと多くの市場シェアを得るだろう。

　→実際はずっと良くなる可能性は低い

　ifの中に過去形、主節の中に助動詞の過去形が来ます。

・仮定法過去完了（過去のことを表す）

If the boss had come, we would have begun the meeting.

もし上司が来ていたら、会議を始められた。
　→実際は来ていなかった

　ifの中にhad＋過去分詞、主節には助動詞の過去形＋have＋過去分詞が来ます。

・仮定法現在

Jack ordered that Mike come to his office.

ジャックはマイクに彼のオフィスに来るよう命令した。

　目的語になるthat節内の動詞は原形になります。この形を取ることのできる動詞は「〜しろ」という命令の意味が含まれます

▶命令・提案・要求の意味を含む動詞

□order 命令する	□suggest／propose 提案する
□demand／insist 要求する	□require／request／ask 頼む

[練習問題]

1. Ms. Parker ------- an imminent matter with the board of directors at the next week's meeting.

(A) has discussed
(B) is discussed
(C) will discuss
(D) was discussed

2. Employees are advised to use the South Tower stairs while the main elevator -------.

(A) is being repaired
(B) has repaired
(C) was repaired
(D) has been repaired

[練習問題の解答解説]

1. Ms. Parker **will discuss** an imminent matter with the
　　　　　　 能動態／未来形　　　　　　　　目的語

board of directors at the next week's meeting.
　　　　　　　　　　　　　　　　　未来の印

- (A) has discussed
- (B) is discussed
- (C) will discuss
- (D) was discussed

　選択肢にはdiscussの様々な時制や態が並んでいます。has discussedは現在完了形、is discussedは現在形の受動態、will discussは未来形、was discussedは過去形の受動態です。空所の後ろにはan imminent matterという目的語が来ています。受動態になる場合は目的語が主語になるというルールがあるため、能動態の(A)(C)に絞られます。文末にはnext week's meeting「来週の会議」と未来のことを表す印があるので、未来形のwill discussが正解です。このように時制と態の合わせ技も出題されます。　正解 (C)

We discussed the matter. 私たちはその問題について話し合った。
主語　　 動詞　　 目的語

The matter was discussed (by us). その問題は(私たちによって)話し合われた。
主語　　　　　 動詞

　このように受動態になると目的語が1つ減ります。

☐ **imminent** 差し迫った
☐ **matter** 問題
☐ **board of directors** 役員

> 訳　パーカーさんは、来週の会議で役員と緊急の問題について話し合う。
> (A)「話し合う」の現在完了形
> (B)「話し合う」の現在形の受動態
> (C)「話し合う」の未来形
> (D)「話し合う」の過去形の受動態

2. Employees are advised to use the South Tower

stairs while the main <u>elevator</u> <u>is being repaired</u>.

修理される　　　　　　受動態
エレベーター

(A) is being repaired
(B) has repaired
(C) was repaired
(D) has been repaired

　選択肢にはrepairの様々な時制と態が並んでいます。空所の前にある主語は elevatorです。エレベーターは修理される側なので能動態のhas repairedは不正解です。is being repaired「修理されている最中」を入れて「エレベーターが修理中の間は階段を使ってください」とすれば適切な意味になります。was repairedは過去形の受動態、has been repairedは現在完了形の受動態です。

正解（A）

□ **advise 人 to do** 人に〜するよう勧める
□ **stairs** 階段
□ **while** 〜の間

> **訳** 社員はメインのエレベーターが修理期間中、サウス・タワーの階段をご使用ください。
> (A) repair の受動態の現在進行形
> (B) repair の能動態の現在完了形
> (C) repair の過去形の受動態
> (D) repair の現在完了形の受動態

Point 7 | 準動詞

準動詞の役割のパターンを確認する

例題と解法

例1

The solar panels that we installed can generate electricity by ------ a small amount of sunlight.

(A) to receive
(B) received
(C) reception
(D) receiving

（私たちが取りつけたソーラーパネルは、少量の太陽光を受け取ることでも発電することができる。）　Ⓐ Ⓑ Ⓒ Ⓓ

　準動詞とは動詞のようだけれど、かたまりでは動詞の働きをしないものです。具体的にはto＋原形の形を取るto不定詞、doingの形を取る動名詞・現在分詞、-ed形を取る過去分詞です。そういったものが2語以上のかたまりで名詞・形容詞・副詞などの役割をします。

　選択肢にはreceive「受け取る」の様々な形が並んでいます。空所の前にはbyという前置詞があり、後ろにはa small amountという名詞が来ています。よって、かたまり全体でbyの目的語になることができ、かたまりの中で目的語をとることのできる動名詞のreceivingが正解です。by doingで「～することによって」という意味を表します。to不定詞は前置詞の後ろに置くことができないので(A)は不正解です。receivedは過去形か過去分詞、receptionは名詞です。

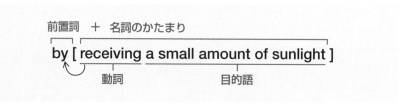

前置詞　＋　名詞のかたまり

by [receiving a small amount of sunlight]

動詞　　　　　　　目的語

このように動名詞はかたまりの中では動詞、かたまり全体で名詞の働きをします。　正解（D）

例1 出題語彙

□ install 取りつける
□ generate 生む
□ electricity 電気
□ amount 量
□ sunlight 太陽光

訳　私たちが取りつけたソーラーパネルは、少量の太陽光を受け取ることでも発電することができる。
(A)「受け取る」の原形・現在形
(B)「受け取る」の過去形
(C)「受け取る」の名詞
(D)「受け取る」の動名詞

― 例2 ―

Blue Trail Staffing offers temporary job matching services ------ the needs of its clients.

(A) meet
(B) to meet
(C) is meeting
(D) meetings

（ブルー・トレイル・スタッフィングはクライアントのニーズに
応えるために臨時雇用のマッチングサービスを提供している。）　Ⓐ Ⓑ Ⓒ Ⓓ

　選択肢にはmeetの様々な形が並んでいます。空所の前までで...Staffing offers...servicesと文が完成しています。新たに動詞は置くことはできないので(A) meet、(C) is meetingは不正解です。meetingsは名詞meeting「会議」の複数形なのでここには置けません。かたまり全体で副詞になり、かたまりの中でthe needsを目的語に取れるto不定詞のto meetが正解です。このto不定詞は「〜するために」という目的を表しています。

例2 出題語彙
□ offer 提供する
□ temporary 一時的な
□ need 需要
□ meet needs ニーズに応える、ニーズを満たす

訳 ブルック・ストーン・アパートは、イースト・パーク近隣に引っ越しを検討している新しい住人を探している。
(A) 合意・契約
(B) プロジェクター
(C) テナント・賃借人
(D) 市場

不定詞はかたまり全体で名詞・形容詞・副詞の役割をします。

動名詞はかたまり全体で名詞の役割をします。

分詞はかたまり全体で形容詞になり前の名詞を修飾します。詳しくは問題演習を通しながら見ていきましょう。

問題中に出てこないもので、まれに出題されるものに分詞構文があります。そちらも確認しておきましょう。

▶ 分詞構文

分詞構文は「時・理由・譲歩・付帯状況」などの意味を、-ing形や-ed形で表すものです。TOEICではそこまで複雑なものは出題されないので基礎を押さえておきましょう。

Reading the book, I felt inspired.

本を読んで、インスピレーションを受けた。

「読んでいた時」とも「読んでいたから」とも解釈できます。とりあえず「〜して」と訳すといいでしょう

Written in German, the letter was impossible to read.

ドイツ語で書かれていたので、その手紙を読むのは不可能だった。

主語のletterは「書かれる側」なのでwrittenという過去分詞になっています。このように過去分詞の場合は「〜される」という意味を表します。

[練習問題]

1. The Ace Screwdriver is the best tool ------- for tightening wooden bolts.

(A) be using
(B) was used
(C) will use
(D) to use

2. Clyde House is planning on ------- a new book regarding social welfare of the region.

(A) publish
(B) published
(C) publishing
(D) to publish

[練習問題の解答解説]

新たに動詞を置くには to use しか入らない

1. The Ace Screwdriver is the best tool **to use** for

文が完成している　　　　　　　to 不定詞（準動詞）

tightening wooden bolts.

- （A）be using
- （B）was used
- （C）will use
- （D）to use

　選択肢にはuseの様々な形が並んでいます。空所の前まででThe...Screwdriver is the...toolと文が完成しています。新たに動詞を置くには接続詞や関係詞が必要なので動詞が入っている(A)(B)(C)はすべて不正解です。(D)のみがto不定詞（準動詞）です。準動詞は接続詞や関係詞の力を借りずに置くことができるのが特徴です。このto useのかたまりで形容詞になり前のtoolを修飾しています。tighteningのかたまりは動名詞でかたまりで前置詞forの目的語になっています。　　正解（D）

the best tool (to use for [tightening...bolts])
　　　　　　　　　　　前置詞　　　目的語

現在分詞や過去分詞も名詞を修飾することができます。

the man (using the tool) 道具を使っている男性

修飾相手は動作主になります。

the tool (used for tightening bolts) ボルトを締めるのに使われる道具

修飾相手は動作をされている側になります。つまり受動態の関係が成立します。

□ **tool** 道具
□ **tight** 締める
□ **wooden** 木の

訳 エイス・スクリュードライバーは木製のボルトを締めるのに使うのに最適な道具です。
(A)「使う」の原形
(B)「使う」の過去形の受け身形
(C)「使う」の未来形
(D)「使う」の準動詞

2. Clyde House is planning on **publishing** a new book

前置詞　　　　　名詞のかたまり

regarding social welfare of the region.

（A）publish
（B）published
（D）publishing
（B）to publish

選択肢にはpublish「出版する」の様々な形が並んでいます。空所の前にはon という前置詞、後ろにはa new bookという名詞があります。よって、ここにかたまり全体ではonの目的語になる名詞として働き、かたまりの中では動詞としてbookを目的語に取れる動名詞のpublishingが正解です。publishは原形か現在形、publishedは過去形か過去分詞です。to publishは不定詞で、不定詞は名詞の役割もできますが、前置詞の目的語にはなれません。　　正解（C）

□ **regarding** 〜に関して
□ **welfare** 福祉
□ **region** 地域

訳　クライド・ハウスは、地域の社会福祉に関する新しい本を出版予定だ。
(A)「出版する」の原形
(B)「出版する」の過去形、過去分詞
(C)「出版する」の動名詞
(D)「出版する」の不定詞

Point 8 | 語彙①

どんなものが出題され、どういったアプローチをするべきか覚える

例題と解法

例1

The Morris Insurance Services ------ its clients of the upcoming company merger.

(A) informed
(B) considered
(C) acquired
(D) negotiated

（モリス・インシュランス・サービシズは、クライアントに来る会社の合併について知らせた。）

Ⓐ Ⓑ Ⓒ Ⓓ

　Part 5には語彙問題も出題されます。語彙問題とは選択肢に同じ品詞の単語が並ぶものです。問題数が多いのですが、レベルが高い問題も多いので注意が必要です。どんなものが出題されどういったアプローチをするべきか見ていきましょう。

　選択肢には動詞の-ed形が並んでいます。空所の後ろにはits clientsとof the...mergerというA of Bの形があります。この形が取れるのはinform A of B「AにBを知らせる」です。よって(A)が正解です。このように語彙問題では意味を考えるだけでなく形から答えを出すことのできるものも出題されます。considerは「～を考慮する」、acquireは「得る・買収する」、negotiateは「交渉する」という意味になります。

正解（A）

例1 出題語彙

□ insurance 保険
□ upcoming きたる
□ merger 合併

訳 モリス・インシュランス・サービシ
ズは、クライアントにきたる会社の
合併について知らせた。
(A)「知らせる」の -ed 形
(B)「考慮する」の -ed 形
(C)「得る・買収する」の -ed 形
(D)「交渉する」の -ed 形

もう1つ例を見ていきましょう。

— 例2 —

The Brook Stone Apartments are looking for new ------- who are considering moving to the East Park neighborhood.

(A) agreements
(B) projectors
(C) tenants
(D) markets

（ブルック・ストーン・アパートは、イースト・パーク近隣に引っ越しを検討している新しい住人を探している。）

Ⓐ Ⓑ Ⓒ Ⓓ

選択肢には名詞の複数形が並んでいます。空所の後ろには関係代名詞whoのかたまりがあります。who節が修飾する事ができるのは「人」を表す名詞だけなので、tenant「テナント・賃借人」を表す(C)が正解です。このように名詞にも「人」「モノ」「コト」などの属性があります。agreementは「合意・契約」、projectorは「プロジェクター」、marketは「市場」という意味です。 正解（C）

例2 出題語彙

□ look for... ～を探す
□ consider doing ～するのを考慮する
□ move 引っ越す
□ neighborhood 近隣

訳 ブルック・ストーン・アパートは、イースト・パーク近隣に引っ越しを検討している新しい住人を探している。
(A) 合意・契約
(B) プロジェクター
(C) テナント・賃借人
(D) 市場

▶「伝える」の意味を表す **A of B** の形を取る動詞

□ inform A of B	AにBを伝える
□ notify A of B	AにBを知らせる
□ remind A of B	AにBを思い出させる

▶「伝える」の意味を表す **A of B** の形を取る動詞の例文

　仮定法は現実には起こらないことや起こる可能性が低いときに使われる形です。

inform John of the policy 　方針をジョンに伝える

notify John of the risk ジョンに危険性を通知する

remind John of the schedule 　ジョンにスケジュールを思い出させる

▶「奪う」の意味を表す **A of B** の形を取る動詞

□ rob A of B	AのBを奪う
□ relieve A of B	AのBを取り除く
□ clear A of B	AからBを片づける

▶「伝える」の意味を表す **A of B** の形を取る動詞の例文

rob John of his watch 　方針をジョンに伝える

relieve John of stress ジョンのストレスを取り除く

clear the road of snow 　道から雪を片づける

　このようにA 前置詞 Bは似た意味を持つことがあり、それにより覚えやすくなることがあります。丸暗記ではなく工夫して覚えましょう。

[練習問題]

1. Mr. Orland has agreed to ------- as a new director of Pleasant Hill Innovations, Inc.

(B) regard
(B) describe
(C) treat
(D) serve

2. To reduce -------, Thatcher elementary school recycles all unnecessary paper.

(A) time
(B) waste
(C) assignment
(D) noise

[練習問題の解答解説]

1. Mr. Orland has agreed to <u>serve</u> as a new
〜として仕える

director of Pleasant Hill Innovations, Inc.

(A) regard
(B) describe
(C) treat
(D) serve

　選択肢には動詞が並んでいます。空所の後ろにはasと名詞が来ています。よってここにserve「仕える」を入れればserve as「〜として仕える」ができ上がり文法上・意味上正しい文が完成します。他の選択肢はすべてA as Bの形を取る動詞です。このようにまずは意味ではなく使い方で選択肢を切ることできないか考えてみましょう。　**正解（D）**

A as B を取る動詞	
regard A as B	AをBと見なす
view A as B	AをBと見なす
describe A as B	AをBと言う
treat A as B	AをBとして扱う

□ **agree to do** 〜することに同意する
□ **director** 取締役

> **訳** オーランドさんはプレザント・ヒル・イノベーションズ社の新しい取締役として働くことに同意した。
> (A) 〜と見なす
> (B) 〜と言う
> (C) 〜として扱う
> (D) 〜として仕える

2. To reduce waste, Thatcher elementary school

　　　　減らす　　ごみ

recycles all unnecessary paper.

(A) time
(B) waste
(C) assignment
(D) noise

　選択肢には名詞が並んでいます。空所の前にはreduce「減らす」という動詞が来ています。選択肢はこの動詞とすべて相性がいい名詞なので、文意を取って答えを出します。不要な紙をリサイクルするという文脈なので、waste「ごみ」を減らすが文意に合います。このように文法・語法で答えを絞れずきちんと文脈を考えなければならない問題も出題されます。timeは「時間」、assignmentは「割り当て・仕事」、noiseは「騒音」という意味です。

　まずは単語の語法や他の語との相性（コロケーション）を考え、それでも答えが出ない場合は意味を考えて答えを出しましょう。　正解（B）

□ **reduce** 減らす
□ **recycle** リサイクルする
□ **unnecessary** 不要な

> 訳　サッチャー小学校は、ゴミを減らすために不要な紙はすべてリサイクルしている。
> (A) 時間
> (B) ごみ
> (C) 割り当て、仕事
> (D) 騒音

Point 9 | 語彙②

語彙問題には「動詞」や「名詞」の他にも「形容詞」「副詞」「前置詞」も

例題と解法

例 1

Mr. Kim asked the CFO Julie Sloam to describe the board meeting ------ detail.

(A) at
(B) in
(C) with
(D) by

（キムさんは最高財務責任者のジュリー・スロームに、役員会のことを詳しく説明するよう頼んだ。）　Ⓐ Ⓑ Ⓒ Ⓓ

　語彙問題には前述の「動詞」や「名詞」の他にも「形容詞」「副詞」「前置詞」も出題されます。これらにも使い方や意味があります。どういった出題がなされるのか見ていきましょう。

　選択肢には前置詞が並んでいます。空所の後ろにはdetail「詳細」という名詞があります。この語と相性がいいのはinです。in detailで「詳細」と言う意味になります。前置詞は日本語にないため、後ろの名詞や前の要素（名詞・動詞・形容詞など）との相性を覚えていくことが大切です。本番ではわからなかったら飛ばしましょう。　正解（B）

（例 1 出題語彙）

□ **ask 人 to do** 人に～するよう頼む　□ **describe** 説明する・描写する
□ **board meeting** 役員会　□ **detail** 詳細

もう1つ例を見ていきましょう。

例2

As sales of the new household appliance has surpassed the company record, the desired revenue target has ------- been reached.

(A) highly
(B) finally
(C) carefully
(D) traditionally

（ブルック・ストーン・アパートは、イースト・パーク近隣に引っ越しを検討している新しい住人を探している。）　Ⓐ Ⓑ Ⓒ Ⓓ

　選択肢には副詞が並んでいます。空所の前にはtarget has、後ろにはbeen reached「到達された」が来ています。このreachという動詞の現在完了形と相性がいいのはfinally「最終的に、ついに」です。文意を取ると、「収益目標はついに到達された」となるので意味的にもバッチリです。highlyは「非常に」、carefullyは「注意深く」、traditionallyは「伝統的に」という意味です。

　形容詞が名詞を修飾するのに対して、副詞は動詞、形容詞、副詞といった「名詞以外」を修飾します。副詞の語彙問題は修飾する相手との相性で答えを出す、または文意を考えて意味の通るものを選びます。

　例えばhighlyという語を見てみましょう。highly successful「非常に成功した」のように形容詞successfulを修飾したり、think highly of ...「〜を高く評価する」のように動詞を修飾したりします。

　このように、どういった語と相性がいいのかを考えながら勉強していくことが語彙問題対策には欠かせません。　正解（B）

例2 出題語彙

□ as ～なので
□ household appliance 家電
□ surpass 超える
□ record 記録
□ desired... 望まれた
□ revenue 収益
□ reach 到達する

訳 その新しい家電の売上は社の記録を超えたため、望まれていた収益目標についに到達した。
(A) 合意・契約
(B) プロジェクター
(C) テナント・賃借人
(D) 市場

▶ TOEIC に出るレベル高めの前置詞

□ despite... ～ではなく・～の代わりに

□ regarding ... ／ □ concerning... ～に関して

□ considering... ／ □ given... ～を考慮すると

複数の語で前置詞を作るものもあります

□ in regard to... ／ □ with regard to... ～に関して

□ in terms of... ～の観点から

□ in spite of... ～だが

□ regardless of... ～に関係なく

□ instead of... ～の代わりに

□ according to... ～によると・～次第で

□ due to... ／ □ because of... ～が原因で

□ in addition to... ～に加えて

□ in front of... ～の前に

□ next to... ～の隣に

□ on behalf of... ～を代表して

[練習問題]

1. Employees with ------- experience can be promoted to the regional manager position.

(A) probable
(B) amazed
(C) extensive
(D) convenient

2. Douglas Associates provides online cloud computing systems that are -------, and easy to use.

(A) glad
(B) secure
(C) major
(D) whole

Ⓐ Ⓑ Ⓒ Ⓓ

[練習問題の解答解説]

1. Employees with <u>extensive</u> <u>experience</u> can be
　　　　　　　　　　　幅広い　　　　経験
promoted to the regional manager position.

(A) probale

(B) amazed

(C) extensive

(D) convenient

　選択肢には形容詞が並んでいます。空所の後ろにはexperience「経験」という名詞が来ています。この名詞と相性がいいのはextensive「幅広い」です。このように形容詞も、語と語の相性（コロケーション）を考えて答えを出すことができる問題が多いです。probableは「ありそうな」、amazedは「驚いた」、convenientは「便利な」という意味です。

　amazedのような感情を表す形容詞は-ed形は人と共に使われ、-ing形は感情を生む原因になります。　正解（C）

Ken was amazed/surprised/excited/interested.
ケンは驚いた／驚いた／興奮した／興味を持った。

The news was amazing/surprising/exciting/interesting.
その知らせは驚くような／驚くような／興奮させる／興味をそそるものだった。

□ **experience** 経験

□ **promote A to B** AをBに昇進させる

□ **regional** 地域の

> **訳** 幅広い経験を有している社員は地域担当マネージャーに昇進することがある。
> (A) ありそうな
> (B) 驚いた
> (C) 幅広い
> (D) 便利な

2. Douglas Associates provides online cloud

computing systems that are **secure**, and easy

<u>systems を指す that</u>   <u>安全な</u>

to use.

(A) glad
(B) secure
(C) major
(D) whole

　選択肢には形容詞が並んでいます。空所の前にはthat areという関係代名詞とbe動詞があります。このthatは前にあるsystemsを指しています。この語と相性がいいのはsecure「安全な」が正解です。glad「嬉しい」は人と相性のいい形容詞です。majorは「大部分の」、wholeは「全体の」という意味です。

正解（B）

□ **provide** 提供する

□ **cloud computing** クラウド（オンライン上でのファイル共有）

> 訳　ダグラス・アソシエーツは、安全で使いやすいオンラインクラウドシステムを提供している。
> (A) 嬉しい
> (B) 安全な
> (C) 大部分の
> (D) 全体の

1. The Seacoast Aqua Museum ------- for visitors every day on the last week of August.

(A) opens
(B) falls
(C) heads
(D) makes

2. Shoppers of Gary's Market are asked to fill out the attached ------- about customer satisfaction.

(A) surveying
(B) surveyed
(C) suveyor
(D) survey

3. Jack's Jeans has introduced a creative and ------- approach to attract more customers.

(A) glad
(B) innovative
(C) numerous
(D) large

4. Sales representative Mario Cortese ------- addressed the complaint of an angry customer.

(A) calms
(B) calming
(C) calmer
(D) calmly

5. In view of this year's sales figures, Michigan Shipping, Inc., cannot ------- to purchase new trucks.

(A) afford
(B) avoid
(C) allow
(D) accomplish

6. The marketing team will start to prepare the presentation ------- the necessary data arrives.

(A) therefore
(B) once
(C) finally
(D) concerning

7. ------- are expressing their appreciation that one lane will be added to Marigold Boulevard.

(A) Commute
(B) Commuted
(C) Commuters
(D) Commuting

8. It is ------- to wear protective gear as long as you are on the premises of the Nelson Metal factory.

(A) advise
(B) advises
(C) advisable
(D) advisably

9. On Moroccan Lifestyle's Web site, customers are able to buy ------- priced merchandise.

(A) compete
(B) competitive
(C) competition
(D) competitively

10. The Green Ridge Hotel has been the top-ranked hotel in Dallas ------- its comprehensive renovation.

(A) for
(B) until
(C) since
(D) past

11. Although holding the Danville Orchestra performance is ------- for the city, the tourism agency is expecting many visitors.

(A) pale
(B) frequent
(C) costly
(D) comfortable

12. Before updating your security settings, please do not forget to close all the ------- on your computer.

(A) applications
(B) practices
(C) inventories
(D) standards

13. Any type of package that ------- the weight limit will be charged an oversized fee of at least $25.

(A) inquires
(B) decides
(C) stores
(D) exceeds

14. ------- the renovation work has almost been completed, the restroom walls have yet to be painted.

(A) While
(B) Otherwise
(C) Further
(D) Despite

15. ------- on the new registration system will be shown to the management at the next quarterly meeting.

(A) Attention
(B) Expertise
(C) Remodeling
(D) Feedback

16. To enter the Roosevelt Tires headquarters, workers from other branches have to ------- their employee identification card.

(A) suggest
(B) present
(C) focus
(D) associate

17. If you cannot ------ download the attached document, please contact Mr. Narita at knarita@leed.com.

(A) successfully
(B) successful
(C) succeed
(D) successes

18. Employees are supposed to submit their vacation requests to their supervisors ------.

(A) they
(B) them
(C) their
(D) themselves

19. The book signing session will be held ------ after John Pritchard's talk.

(A) around
(B) mainly
(C) almost
(D) shortly

20. Ms. Rogers has told her colleagues that she -------
for next year's sales courses.

(A) register
(B) to register
(C) are registering
(D) will register

21. Ms. Newcomb needs to sign the document immediately ------- secure the contract.

(A) even if
(B) due to
(C) because
(D) in order to

22. The doors for the Montrose Breakfast Club's monthly gathering will open ------- at 8:30 A.M.

(A) exact
(B) exactly
(C) exacts
(D) exacting

23. ------- emergency operation manuals are available in the employee lunchroom.

(A) Updated
(B) Update
(C) Updates
(D) Updating

24. A group of new engineers were added ------ customers with their technical questions.

(A) to assist
(B) assistance
(C) was assisting
(D) assisted

24. The ------ of district service position include overseeing customer complaints.

(A) responsible
(B) responsibly
(C) responsibility
(D) responsibilities

25. The ------ of district service position include overseeing customer complaints.

(A) responsible
(B) responsibly
(C) responsibility
(D) responsibilities

26. Mr. Albee will ------ a new printer so as to improve the production speed for the marketing pamphlets.

(A) get along
(B) stay away
(C) pick out
(D) look on

27. Castro Movie Theater ------- at the corner of Madison Street and Second Avenue.

(A) location
(B) is located
(C) was locating
(D) has located

28. Desert Valley Bank customers ------- deposit money is over 30,000 dollars are exempt from the standard transaction fee.

(A) who
(B) which
(C) whose
(D) what

29. Guests can ------ turn on the air conditioner in the room by simply using the remote control.

(A) quick
(B) quickly
(C) quicker
(D) quickest

30. ------ nominating colleagues for Employee of the Month is requested to fill out the entry form no later than July 7.

(A) Whoever
(B) Anyone
(C) Those
(D) Every

---

1. The Seacoast Aqua Museum ------- for visitors every day on the last week of August.

(A) opens   (C) heads

(B) falls   (D) makes

選択肢には動詞の三人称単数形が並んでいます。空所の前には文の主語になるMuseum、後ろにはfor visitorsという形が来ています。よって、ここにopens「開いている」を入れれば、「ミュージアムは来訪者に開放している」となり文意に合います。fall forは「～に騙される」、head forは「～へ向かう」、make for も「～へ向かう」という意味になります。　　正解（A）

□ **visitor** 来訪者

> 訳　シーコースト・アクア・ミュージアムは8月の最終週は毎日来訪者に開放している。
> (A) 開いている
> (B) ～に騙される
> (C) ～へ向かう
> (D) ～へ向かう

---

2. Shoppers of Gary's Market are asked to fill out the attached ------- about customer satisfaction.

(A) surveying   (C) suveyor

(B) surveyed   (D) survey

選択肢にはsurveyの様々な形が並んでいます。空所の前には冠詞のtheと過去分詞のattached「添付された」があります。過去分詞は1語で形容詞の働きをすることがあるので、空所に名詞surveyを入れれば、＜冠詞＋形容詞＋名詞＞の形ができ上がります。surveyは「アンケート調査」、surveyorは「検査官」なので、fill out「記入する」やattached「添付された」と共に使えるのは(D) surveyです。(A)は-ing形、(B)は-ed形です。　　正解（D）

□ **ask 人 to do** 人に～するよう頼む
□ **fill out** 記入する 類complete
□ **satisfaction** 満足

> 訳　ゲリーズ・マーケットは、顧客満足度に関する添付のアンケートを記入するよう求められている。
> (A)survey の -ing形
> (B)survey の -ed形
> (C) 検査官
> (D) アンケート調査

3. Jack's Jeans has introduced a creative and ------- approach to attract more customers.

(A) glad　　　　　　　　　　(C) numerous
(B) innovative　　　　　　　 (D) large

　選択肢には形容詞が並んでいます。空所の後ろにはapproach「アプローチ・方法」が来ています。この語と相性のいい形容詞はinnovative「革新的な」です。この文ではcreativeとinnovativeがandで並列されてどちらもapproachを修飾しています。gladは「嬉しい」という意味、numerousは「数多くの」という意味で後ろに複数形の名詞を取ります。largeは「大きい」という意味です。　**正解（B）**

□**introduce** 導入する・紹介する
□**creative** 創造的な
□**attract** 惹きつける 類appeal to

訳　ジャックス・ジーンズはより多くの顧客を惹きつける創造的で革新的な方法を導入した。
(A) 嬉しい
(B) 革新的な
(C) 数多くの
(D) 大きい

---

4. Sales representative Mario Cortese ------- addressed the complaint of an angry customer.

(A) calms　　　　　　　　　　(C) calmer
(B) calming　　　　　　　　　(D) calmly

　選択肢にはcalmの様々な形が並んでいます。空所の前にはCorteseという人が、後ろにはaddressedという動詞が来ています。主語と動詞の間に入れるのは副詞なのでcalmly「落ち着いて」が正解です。主語＜副詞＞動詞の形は頻出です。calmは「落ち着いた」という形容詞か、「落ち着かせる」という意味の動詞、calmingは動詞の-ing形でcalmerは形容詞の比較級です。　**正解（D）**

□**sales representative** 販売員
□**address** 対応する
□**complaint** 苦情
□**angry** 怒った

訳　販売員のマリオ・コーテーズは腹を立てている顧客の苦情に落ち着いて対応した。
(A) 落ち着かせる
(B) 「落ち着かせる」の -ing 形
(C) 「落ち着いた」の比較級
(D) 落ち着いて

5. In view of this year's sales figures, Michigan Shipping, Inc., cannot ------- to purchase new trucks.

(A) afford   (C) allow

(B) avoid   (D) accomplish

　選択肢には動詞が並んでいます。空所の後ろにはto purchaseというto不定詞が来ています。この形を取れるのは(A)のafford「余裕がある」です。can afford to doで「～する余裕がある」という意味になります。avoid「避ける」はavoid doing「～するのを避ける」の形を取ります。allow「許す」はallow 人 to do「人に～させてあげる」という形を取ります。accomplishは「達成する」という意味です。　**正解（A）**

□**in view of...**
　～を考慮すると
□**sales figure** 売上高
□**purchase** 購入する
□**truck** トラック

> **訳** 今年の売上高を考慮すると、ミシガン・シッピング社は新しいトラックを買う余裕がない。
> (A) 余裕がある
> (B) 避ける
> (C) 許す
> (D) 達成する

6. The marketing team will start to prepare the presentation ------- the necessary data arrives.

(A) therefore   (C) finally

(B) once   (D) concerning

　選択肢には副詞・前置詞・接続詞の役割をするものが並んでいます。空所の前にはThe...team will startという主語＋動詞、後ろにもthe...data arrivesという主語＋動詞があります。よって2つの主語＋動詞を繋ぐことのできる接続詞once「いったん～すると」が正解です。onceは副詞の場合、「一度・かつて」という意味になります。therefore「それゆえに」、finally「最終的に」は副詞、concerning「～に関して」は前置詞です。　**正解（D）**

□**marketing** マーケティング
□**prepare** 準備する
□**necessary** 必要な

> **訳** マーケティングチームは必要なデータが到着したらプレゼンテーションの準備を開始する。
> (A) それゆえに
> (B) 一度・かつて
> (C) 最終的に
> (D) ～に関して

7. ------- are expressing their appreciation that one lane will be added to Marigold Boulevard.

(A) Commute
(B) Commuted
(C) Commuters
(D) Commuting

　選択肢にはcommuteの様々な形が並んでいます。空所の後ろにはareというbe動詞があるので空所には複数を表す名詞が入るはずです。よって、commuter「通勤者」の複数形commutersが正解です。commuteは名詞で「通勤」、動詞で「通勤する」の意味になります。commutedは動詞の過去形・過去分詞形、commutingは動詞の-ing形か「通勤」という意味の名詞です。　正解（C）

□**express** 表す
□**appreciation** 感謝
□**lane** レーン
□**add A to B** AをBに加える

訳　通勤者たちはマリーゴールド通りに新しいレーンが追加されることに感謝の意を示しました。
(A) 名詞「通勤」、動詞「通勤する」
(B) 「通勤する」の過去形・過去分詞形
(C) 「通勤者」の複数形
(D) 「通勤する」の -ing 形、名詞「通勤」

---

8. It is ------- to wear protective gear as long as you are on the premises of the Nelson Metal factory.

(A) advise
(B) advises
(C) advisable
(D) advisably

　選択肢にはadviseの様々な形が並んでいます。空所の前にはIt is、後ろにはto wearというto不定詞があります。よってここに形容詞のadvisable「勧められる」を入れればit is advisable to do「～することが勧められている」という形ができ上がり、意味も通ります。adviseは「忠告する」は動詞、advisesはその三人称単数形、advisably「賢明なことに」は副詞です。名詞はadvice「忠告」です。　正解（C）

□**wear** 身につける
□**protective gear** 防護服
□**as long as...** ～する限りは
□**premise** 敷地

訳　ネルソン・メタルの工場の敷地内では、防護服の着用が勧められている。
(A) 忠告する
(B) 「忠告する」の三人称単数形
(C) 勧められる
(D) 賢明なことに

9. On Moroccan Lifestyle's Web site, customers are able
to buy ------- priced merchandise.

(A) compete   (C) competition
(B) competitive   (D) competitively

選択肢にはcompeteの様々な形が並んでいます。空所の後ろにはpriced
merchandiseという過去分詞＋名詞の形があります。空所の前にはbuyという動詞
があり新たな動詞は置けないので、pricedは過去分詞だとわかります。よってこの過
去分詞を修飾する副詞のcompetitively「競争的に」が正解です。

competitively pricedは「他と競争して負けない値段のついた」→「安い」とい
う意味です。compete「競争する」は動詞、competitive「競争的な・安い」は形
容詞、competition「競争」は名詞です。　正解（D）

□ **be able to do** 〜できる
□ **price** 値段をつける、値段
□ **merchandise** 商品

訳　モロッカン・ライフスタイルのウェブサ
イトで顧客は安価な商品を購入できる。
(A) 競争する　　　　(C) 競争
(B) 競争的な・安い　(D) 競争的に

10. The Green Ridge Hotel has been the top-ranked hotel
in Dallas ------- its comprehensive renovation.

(A) for   (C) since
(B) until   (D) past

選択肢には前置詞が並んでいます。文中にhas beenという現在完了形の動詞があ
ることに注目します。これと相性がいいのはfor「〜間」とsince「〜から」です。空
所の後ろにはits...renovation「改装」が来ているのでsinceを入れて「改装してか
ら」とすれば文意に合います。forはfor two weeks「2週間」のような期間を表
す語句が来ます。until「〜までずっと」は前置詞と接続詞の働きがあります。past
は前置詞で「〜を過ぎて」、形容詞で「過去の」、名詞で「過去」の意味になります。

正解（C）

□ **rank** 位置する、位置
□ **comprehensive** 包括的な
□ **renovation** 改装

訳　グリーン・リッジ・ホテルは、包括的な改装後から
ずっとダラスのトップランクのホテルである。
(A) 〜間　　　　　(C) 〜から
(B) 〜までずっと　(D) 〜を過ぎて

11. Although holding the Danville Orchestra performance is ------- for the city, the tourism agency is expecting many visitors.

(A) pale

(B) frequent

(C) costly

(D) comfortable

　選択肢には形容詞が並んでいます。空所の前を見ると主語はholding the...performance「公演を催すこと」という動名詞です。よってここにcostly「高価な」を入れれば「公演を催すことは高価だが、多くの来訪客を見込んでいる」となり文意に合います。costlyは-lyで終わっていますが形容詞なので要注意です。paleは「青白い」、frequentは「頻繁な」、comfortableは「快適な」という意味です。

正解（C）

□ **although** ～だが
□ **hold** 開く
□ **performance** 公演、業績
□ **tourism** 旅行業
□ **expect** 期待する
□ **visitor** 来訪客

訳　ダンビル・オーケストラの公演を催すことは市にとって高価だが、旅行業者は多くの来訪者を見込んでいる。
(A) 青白い　　　(C) 高価な
(B) 頻繁な　　　(D) 快適な

12. Before updating your security settings, please do not forget to close all the ------- on your computer.

(A) applications

(B) practices

(C) inventories

(D) standards

　選択肢には名詞の複数形が並んでいます。空所の前にはclose「閉じる」、後ろにはon your computer「コンピュータ上の」があるので、applications「アプリケーション」を入れれば「すべてのコンピュータ上のアプリを閉じる」となり意味が通ります。applicationには他にも「申し込み・応用」といった意味があります。practiceは「練習・実践」、inventoryは「在庫」、standardは「標準」という意味です。　正解（A）

□ **update** 更新する
□ **security** 安全性
□ **forget to do** ～するのを忘れる

訳　セキュリティーのセッティングを最新のものにする前に、コンピュータのすべてのアプリケーションを閉じるのを忘れないでください。
(A) アプリケーション　　(C) 在庫
(B) 練習・実践　　　　　(D) 標準

13. Any type of package that ------- the weight limit will be charged an oversized fee of at least $25.

(A) inquires   (C) stores
(B) decides   (D) exceeds

選択肢には動詞が並んでいます。空所の後ろにはthe weight limit「重量制限」があります。これと相性がいいのは、exceed「超える」です。inquireは「尋ねる」、decideは「決める」、storeは「保管する」という意味です。　正解（D）

□**weight** 重さ
□**limit** 制限、限界
□**charge** 請求する
□**oversized** 大きすぎる
□**fee** 料金
□**at least** 少なくとも

> 訳　重量制限を超えるパッケージはどんなものでも、少なくとも25ドルのオーバーサイズ料金が発生する。
> (A) 尋ねる
> (B) 決める
> (C) 保管する
> (D) 超える

14. ------- the renovation work has almost been completed, the restroom walls have yet to be painted.

(A) While   (C) Further
(B) Otherwise   (D) Despite

選択肢には接続詞、前置詞、副詞が並んでいます。空所の後ろにはthe...work has...beenという主語＋動詞とthe...walls haveという主語＋動詞が2つあります。よって、これらをつなぐことのできる接続詞のwhile「～なのに対して」が正解です。otherwise「さもないと」は副詞、further「さらに」も副詞、despite「～だが」は前置詞です。　正解（A）

□**weight** 重さ
□**almost** ほとんど
□**complete** 完了する
□**restroom** トイレ
□**wall** 壁
□**have yet to do** まだ～ない

> 訳　改装はほとんど完了したが、トイレの壁の塗装がまだである。
> (A) ～なのに対して
> (B) さもないと
> (C) さらに
> (D) ～だが

15. ------- on the new registration system will be shown to the management at the next quarterly meeting.

(A) Attention　　　　(C) Remodeling
(B) Expertise　　　　(D) Feedback

　選択肢には名詞が並んでいます。空所の後ろには前置詞onと名詞、その後ろには will be shownという動詞があります。よって、feedback「フィードバック」を入れてfeedback on...will be shown「～に関するフィードバックが見せられる」とすれば文法上・意味上適切な形ができ上がります。このonは「～に関して」という意味になります。attentionは「注意」、expertiseは「専門知識・専門技術」、remodelingは「改築」という意味です。　正解（D）

□**registration** 登録
□**manegement** 経営陣
□**quaterly** 四半期の

訳　新しい登録システムへのフィードバックは、次の四半期会議で経営陣に提示される。
(A) 注意
(B) 専門知識・専門技術
(C) 改築
(D) フィードバック

---

16. To enter the Roosevelt Tires headquarters, workers from other branches have to ------- their employee identification card.

(A) suggest　　　　(C) focus
(B) present　　　　(D) associate

　選択肢には動詞が並んでいます。空欄の後ろには、their employee identification card「社員証」が来ています。これと相性がいいのはpresent「見せる」です。suggestは「提案する」、focusは「集中する」、associateは「結びつける」という意味です。focus on「～に集中する」、associate A with B「AをBに結びつける」は覚えておきましょう。　正解（B）

□**enter** 入る
□**headquarters** 本社
□**branch** 支社
□**have to do** ～しなければならない
□**identification card** 身分証

訳　ローズベルト・タイアズの本社に入るには、他の支社の社員は社員証を見せなければならない。
(A) 提案する
(B) 見せる
(C) 集中する
(D) 結びつける

---

17. If you cannot ------- download the attached document, please contact Mr. Narita at knarita@leed.com.

(A) successfully   (C) succeed

(B) successful   (D) successes

選択肢にはsuccessの様々な形が並んでいます。空所の前には助動詞のcannot、後ろには動詞のdownloadが来ています。助動詞と動詞の間に挟んで使えるのは副詞なので(A) successfully「成功して」が正解です。successful「成功した」は形容詞、succeed「成功する」は動詞、success「成功」は名詞です。　正解（A）

□**document** 文書
□**contact** 連絡する

訳 もし、添付の文書がうまくダウンロードできない場合はナリタさんのEメール knarita@leed.com まで連絡してください。
(A) 成功して
(B) 成功した
(C) 成功する
(D) 成功

---

18. Employees are supposed to submit their vacation requests to their supervisors -------.

(A) they   (C) their

(B) them   (D) themselves

選択肢には代名詞の格が並んでいます。空所の前には英文が揃っており、空所の後ろには何もありません。よって、ここに副詞のthemselves「彼ら自身で」を入れれば「自分で提出することになっている」となり文法上・意味上適切な形ができあがります。oneselfは副詞としても使われます。by oneself「自分自身で」とともに覚えておきましょう。　正解（D）

□**be supposed to do**
　〜することになっている
□**submit** 提出する
□**vacation** 休暇
□**request** 依頼
□**supervisor** 上司

訳 社員は上司に休暇依頼書を自分で提出することになっている。
(A)they の主格
(B)they の目的格
(C)they の所有代名詞
(D)they の再帰代名詞

19. The book signing session will be held ------- after John Pritchard's talk.

(A) around

(B) mainly

(C) almost

(D) shortly

選択肢には副詞が並んでいます。空所の前にはサインセッションが開かれるという主語＋動詞があり、後ろにはafterという語があります。よってここにshortly「すぐに」を入れshortly after「〜の後すぐに」という形を作れば、「トークのすぐ後にサインセッションが開かれる」となり文意に合います。shortlyは「短く」ではなく、「すぐに」なので要注意です。aroundは「およそ」という副詞や、「〜の周りに」という前置詞です。almostは「ほとんど」という意味です。　正解（D）

□**sign** サインする、標識
□**hold** 開催する

訳　本のサインセッションはジョン・プリチャーズの講演のすぐ後に開かれる。
(A) およそ
(B) 主に
(C) ほとんど
(D) すぐに

---

20. Ms. Rogers has told her colleagues that she ------- for next year's sales courses.

(A) register

(B) to register

(C) are registering

(D) will register

選択肢にはregister「登録する」の様々な形が並んでいます。空所の前にはsheという主語があるのでここには動詞が入ります。to registerは不定詞なのでここには置けません。sheは三人称単数なので、registerやare registeringは不可です。よってwill registerが正解です。　正解（D）

□**colleague** 同僚
□**register for...** 〜に登録する
　類sign up for

訳　ロジャーズさんは同僚に、彼女は来年のセールスコースに登録すると伝えた。
(A) 登録する
(B)「登録する」の不定詞
(C)「登録する」の進行形
(D)「登録する」の未来形

21. Ms. Newcomb needs to sign the document immediately ------- secure the contract.

(A) even if   (C) because

(B) due to   (D) in order to

　選択肢には接続詞や前置詞などが並んでいます。空所の後ろにはsecureという語があります。その後ろにはthe contractという冠詞＋名詞があるので、このsecureは「安全な」という形容詞ではなく「確保する」という動詞だとわかります。形容詞は基本的には冠詞を飛び越えて後ろの名詞を修飾できません。動詞を後ろに置くことのできるのはin order to「～するために」です。secure a contractで「契約を確保する・結ぶ」という意味になります。even if「たとえ～でも」は接続詞、due to「～が原因で」は前置詞、because「～なので」は接続詞です。　　正解（D）

□**need to do** ～する必要がある
□**document** 文書
□**immediately** すぐに
□**contract** 契約

訳　契約を結ぶためには、ニューコムさんはすぐにその文書にサインする必要がある。
(A) たとえ～でも
(B) ～が原因で
(C) ～なので
(D) ～するために

22. The doors for the Montrose Breakfast Club's monthly gathering will open ------- at 8:30 A.M.

(A) exact   (C) exacts

(B) exactly   (D) exacting

　選択肢にはexactの様々な形が並んでいます。空所の前にはopen「開く」、後ろにはat 8:30という時間表現があります。よって、副詞のexactly「ちょうど・正確に」を入れれば「ちょうど8時半に開く」と文法上・意味上適切な形ができ上がります。exactは形容詞で「正確な」という意味、動詞で「強要する」という意味です。後者の意味でTOEICに出てくることはまずありません。exactsは動詞の三人称単数形、exactingは動詞の-ing形です。　　正解（B）

□**monthly** 月に一度の
□**gathering** 集会

訳　モントローズ・ブレックファースト・クラブの月次の集会は午前8時半ちょうどに開かれます。
(A) 正確な
(B) ちょうど・正確に
(C)「強要する」の三人称単数形
(D)「強要する」の-ing形

23. ------- emergency operation manuals are available in the employee lunchroom.

(A) Updated
(B) Update
(C) Updates
(D) Updating

　選択肢にはupdateの様々な形が並んでいます。空所の後ろにはemergency operation manualsという名詞があり、その後ろにはareという動詞があります。よって過去分詞のupdated「アップデートされた」を入れて後ろの名詞を修飾し「アップデートされた緊急行動マニュアル」とすればよいとわかります。updatingという動名詞を入れて主語にする場合は三人称単数扱いなので動詞はareではなくisにしなくてはなりません。updateは「アップデート」という意味の名詞か「アップデートする」という意味の動詞になります。updatesは名詞の複数形か動詞の三人称単数形です。

正解（A）

□**emergency** 緊急事態
□**operation** 活動
□**available** 手に入る
□**lunchroom** ランチルーム

> **訳** 最新版の緊急時の行動マニュアルは社員のランチルームにあります。
> (A) アップデートされた
> (B) アップデート
> (C) 「アップデート」の複数形
> (D) 「アップデートする」の動名詞

24. A group of new engineers were added ------- customers with their technical questions.

(A) to assist
(B) assistance
(C) was assisting
(D) assisted

　選択肢にはassist「助ける」の様々な形が並んでいます。空所の前にはA group of...engineers were addedという要素の揃った文、後ろにはcustomersという名詞があります。よって新たに動詞を置くことはできないのでto不定詞のto assistが正解です。assist A with Bは「AのBを助ける」という意味になります。assistance「援助」は名詞、was assistingは過去進行形、assistedは動詞の-ed形です。　正解（A）

□**engineer** エンジニア
□**add** 加える
□**technical** 技術的な

> **訳** 顧客の技術的な質問に答えるために新しいエンジニアのグループが加えられた。
> (A) 「助ける」の不定詞
> (B) 援助
> (C) 「助ける」の過去進行形
> (D) 「助ける」の-ed形

25. The ------- of district service position include overseeing customer complaints.

   (A) responsible   (C) responsibility

   (B) responsibly   (D) responsibilities

選択肢にはresponsibleの様々な形が並んでいます。空所の前にはtheがあるので名詞がここに入ります。文の動詞はinclude「を含む」なので、正解はresponsibility「職務」の複数形responsibilitiesです。単数形のresponsibilityを置く場合はincludesと三人称単数形の-sがつきます。responsible「責任のある」は形容詞、responsibly「責任を持って」は副詞です。be responsible for「〜の責任がある」は覚えておきましょう。　正解（D）

□**district** 地域
□**include** 含む
□**oversee** 監督する
□**complaint** クレーム

> **訳** 地域サービス職の職務は顧客クレームの監督を含む。
> (A) 責任のある　　(C) 職務
> (B) 責任を持って　(D) 職務

26. Mr. Albee will ------- a new printer so as to improve the production speed for the marketing pamphlets.

   (A) get along   (C) pick out

   (B) stay away   (D) look on

選択肢には2語以上のかたまりの動詞（句動詞）が並んでいます。空所の後ろにはa new printerが来ています。これとともに使うことができるのはpick out「選ぶ」です。get alongは「うまくやっていく」という意味、stay awayは「近づかない」、look onは「見物する」という意味です。get along with「〜とうまくやっていく」、stay away from「〜に近づかない」、look on A as B「AをBとみなす」のような形で使われることの多い表現です。　正解（C）

□**so as to do** 〜するために
□**improve** 向上させる
□**production** 生産
□**pamphlet** パンフレット

> **訳** アルビーさんは、マーケティングパンフレットの生産速度を向上させるために新しいプリンターを選んだ。
> (A) うまくやっていく　(C) 選ぶ
> (B) 近づかない　　　　(D) 見物する

27. Castro Movie Theater ------- at the corner of Madison Street and Second Avenue.

(A) location

(B) is located

(C) was locating

(D) has located

選択肢にはlocateの様々な形が並んでいます。空所の前にはTheaterと劇場の名前、後ろにはat the cornerという前置詞句があります。よって、受動態のis locatedを入れれば「シアターは角にある」となり意味が通ります。be located ＜前置詞句＞で「〜にある」という意味になります。location「場所」は名詞、過去進行形のwas locatingと、現在完了形のhas locatedは能動態です。動詞のlocateは「〜を見つける」という意味でfindの言い換えになります。　**正解（B）**

□ **corner** 角
□ **avenue** 通り

訳　カストロ・ムービー・シアターはマディソン・ストリートとセカンド・アヴェニューの角に位置している。
(A) 場所　　　　(C)「〜にある」の過去進行形
(B) 〜にある　　(D)「〜にある」の現在完了形

---

28. Desert Valley Bank customers ------- deposit money is over 30,000 dollars are exempt from the standard transaction fee.

(A) who

(B) which

(C) whose

(D) what

選択肢には関係詞が並んでいます。空所の後ろにはmoney deposit「預金」という名詞がありその後ろにisという動詞が来ているので、直後に名詞を置いて使うwhoseが正解です。whoseは所有格なのでtheの位置に置かれます。ここでの先行詞（修飾する相手）はcustomersなので、whose deposit moneyの部分は「顧客の預金額」という意味を表しています。whoは主語や目的語の役割をしなければなりませんが後ろは揃っています。whichは先行詞に人を取りません。whatはかたまり全体で名詞になり、先行詞は取りません。　**正解（C）**

□ **deposit** 預金
□ **exempt from...**
　〜から免除されて
□ **transaction** 取引

訳　預金額が３万ドルを超えているデザート・バレー銀行の顧客は通常の取引料金を免除される。
(A)who の原形　　(C)who の所有格
(B)which の原形　(D) 何の

181

29. Guests can ------- turn on the air conditioner in the room by simply using the remote control.

(A) quick

(B) quickly

(C) quicker

(D) quickest

選択肢にはquickの様々な形が並んでいます。空所の前には助動詞のcan、後ろにはturnという動詞があります。助動詞と動詞の間に挟まって使われるのは副詞なのでquickly「すぐに・素早く」が正解です。quick「速い」は形容詞、quickerはその比較級、quickestは最上級です。　**正解（B）**

□**turn on...** ～をつける
□**air conditioner** エアコン
□**by doing** ～することによって
□**simply** ただ
□**remote control** リモコン

> **訳** 宿泊客はリモコンを使うだけで部屋のエアコンをすぐにつけることができる。
> (A) 速い
> (B) すぐに・素早く
> (C) 「早い」の比較級
> (D) 「早い」の最上級

30. ------- nominating colleagues for Employee of the Month is requested to fill out the entry form no later than July 7.

(A) Whoever

(B) Anyone

(C) Those

(D) Every

選択肢には代名詞が並んでいます。空所の後ろにはnominatingという-ing形があり、全体の動詞はisです。よって、単数扱いで主語になり、nominatingのかたまりが後ろから修飾することのできるanyone「～ない人は誰でも」が正解です。whoever「～する人」の後ろには動詞が必要です。those「人々」は複数扱い、every「すべての」には名詞の働きはありません。　**正解（B）**

<u>Anyone</u> (nominating colleagues) <u>is</u> requested
主語　　　　　　　　　　　　　　　　　　動詞

<u>Those</u> (nominating colleagues) <u>are</u> requested
主語　　　　　　　　　　　　　　　　　　動詞

　　　　　全体で主語
[<u>Whoever</u> nominates colleagues] <u>is</u> requested
関係詞　　　　　　　　　　　　　　　動詞

> **訳**
> 月間優秀従業員に同僚を推薦する人は７月７日までにエントリーフォームを記入するよう求められている。
> (A) ～する人
> (B) ～ない人は誰でも
> (C) 人々
> (D) すべての

著者：森田鉄也（もりたてつや）

登録者 25 万人 YouTube チャンネル　Morite2 English Channel を
運営。武田塾英語課課長、武田塾国立・豊洲・鷺沼校オーナー。株式
会社メタフォー代表取締役。慶應義塾大学文学部英米文学専攻卒。東
京大学大学院言語学修士課程修了。TOEIC990 点（100 回以上）。

時間のない人がてっとり早くスコアアップするための

TOEIC® L&R テスト
速攻 Part 1・2・5 対策

2023年5月1日発行　第1版第1刷発行

著者：森田鉄也

校正：高橋清貴、田中和也、Cathy Fishman、Sean McGee

装丁：松本田鶴子

発行人：坂本由子
発行所：コスモピア株式会社
　　　　〒151-0053　東京都渋谷区代々木4-36-4　MCビル2F
営業部：TEL: 03-5302-8378 email: mas@cosmopier.com
編集部：TEL: 03-5302-8379 email: editorial@cosmopier.com

https://www.cosmopier.com/（コスモピア公式ホームページ）
https://e-st.cosmopier.com/（コスモピアeステーション）
https://ebc.cosmopier.com/（子ども英語ブッククラブ）
印刷：シナノ印刷株式会社